# 我如何以交易为生

加里·史密斯（Gary Smith）◎著 张轶◎译

## How I Trade for a Living
### Master The Markets by Trading From Home

北方联合出版传媒（集团）股份有限公司

万卷出版公司
VOLUMES PUBLISHING COMPANY

著作权合同登记号： 06-2009 年第 301 号

ⓒ 史密斯 2010

**图书在版编目（CIP）数据**

我如何以交易为生／（美）史密斯著；张轶译.—沈阳：
万卷出版公司，2009.12（2010.4 重印）
（引领时代）
ISBN 978-7-5470-0463-0

Ⅰ.我… Ⅱ.①史…②张… Ⅲ.金融市场—基本知识
Ⅳ.F830.9

中国版本图书馆 CIP 数据核字（2009）第 208304 号

| | |
|---|---|
| **出 版 者** | 北方联合出版传媒（集团）股份有限公司 |
| | 万卷出版公司（沈阳市和平区十一纬路 29 号　邮政编码　110003） |
| **联系电话** | 024-23284090　　　**电子信箱** vpc_tougao@163.com |
| **印　　刷** | 北京未来科学技术研究所有限责任公司印刷厂 |
| **经　　销** | 各地新华书店发行 |
| **成书尺寸** | 165mm × 245mm　　**印张** 14.5 |
| **版　　次** | 2009 年 12 月第 1 版　2010 年 4 月第 3 次印刷 |
| **责任编辑** | 赵鹤鹏　　　　　**字数** 210 千字 |
| **书　　号** | ISBN 978-7-5470-0463-0 |
| **定　　价** | 42.00 元 |

丛书所有文字插图版式之版权归出版者所有 任何翻印必追究法律责任

尼古拉斯·达瓦斯（Nicholas Darvas）
1961年我14岁时看了你的书，你的交易方法让我印象深刻。

布鲁斯·巴布科克（Bruce Babcock）
我永远感激你为我做的一切。

我的父母，悉尼·史密斯和埃斯特·史密斯。

当然了，还有桑迪和死党们——
班迪特、惠特尼、贝基、可爱女孩、萨姆森、托马斯和金。

CONTENTS
# 目　录

5

CONTENTS
# 目　录

# | 感谢信 |

有三个人帮我处理了本书中的图表，在此要特别感谢他们：伊利诺斯州芝加哥领先期货公司的鲍伯·米勒、俄勒冈州波特兰守护者资金管理公司的乔纳森·马特，还有珍妮·保文，感谢她所付出的时间和耐心。

特别的感谢还要送给decision.com的卡尔·斯文林、肯塔基州格拉斯哥glveland.net的艾瑞克·卡沃特、equitytrader.com和布林资金管理公司的创始人约翰·布林格。

本人在创作本书时遇到了一些挫折，我的编辑帕米拉·凡·吉森和她的助理玛丽·陶德则及时地提供了帮助。

Wiley 公司的总编迈克尔·戴维乐、市场北街图表公司的金妮·卡罗尔在本书出版过程中日复一日地提供专业的帮助，特此感谢。

# | 典型的交易日 |

我在交易日的做事方式也许会让很多交易者失望，因为我做的事既不辉煌，也不刺激。可我既不是为了辉煌交易，也不是为了刺激交易，所以我觉得可以接受。我交易的目的是为了金钱以及金钱带来的自由。

1996年以前我住在西部内华达州的雷诺市。1996年后我搬到了肯塔基州中南部的一个县，这里山洞多，牛也多。我居住的镇子的环境让我想起了60年代的情景喜剧——《安迪格里菲斯》，片中的环境也是这样的。不过我们这里的警长叫巴尼，经营美体小铺的人叫古柏。不好意思，偏题了。

我一般在早上9：30股市开盘的时候才起床（有时候更迟）。没办法，我从小就爱睡懒觉。我住在西部的时候，为了赶上东部的股市开盘时间，我早上6：30就得起来，结果每天都累得筋疲力尽。自从搬到东部后，我总是充满活力。不过，我还是把录像机设置了一下，它可以在早上8点开始自动录制美国国家广播公司财经频道（CNBC，以后简称财经频道）的电视节目，我回头要看的。

我尽量在上午9：30起床，这是因为开盘后的50分钟决定了一天的基调。期货市场在这50分钟的表现常常预示了整天的走势。我在这50分钟内要密切关注任何正在形成的强势、弱势或背离，这些都是有力的证据。

我在上午10：30吃早餐／中餐，查看录像带，看看在开盘前是不是有什么相关的新闻或访谈被我错过了。快速查看以后，我又开始录像。我总是让我的录像机在交易时间到收盘后的两小时一直保持录像状态，我可不想错过任何东西。

上午11∶00点左右，我打开电脑收邮件，看看有没有什么新闻。然后上雅虎网看看国外市场如何了，如果我持有基金，就顺便看看基金情况。如果我要交易基金，就到quicken.com网站进行交易。我在交易日就是这么做事的。我还会到www.dailystocks.com网站看看不同股票板块的表现，我必须知道它们具体的市场表现，对我来说，这很重要。

中午12∶00到下午3∶00，我要理清交易基金的思路。我几乎每天都要调整仓位。是加仓，还是减仓呢？我整天都要密切关注财经频道提供的行情报价机。我对道琼斯工业平均指数（后面简写成道琼斯）、标准普尔指数、纳斯达克100指数和罗素2000指数（russell 2000）在日内的细小变化都很敏感。

在交易日里，下午3∶00以前我都不会看电视屏幕，我一般是洗澡、如有必要去银行办一两件事、去邮局办事或去小店转转。如果我外出了，我在回来时就要查看报价机，看看市场在我外出时有什么表现。我要和市场的节奏保持一致，这点很重要。在过去，我每天起床后就要阅读《华尔街日报》和《投资者商业日报》，然后才会去交易。现在我基本上是纯粹按照价格波动（动量和背离）交易，所以在交易日我收盘后才看这些报纸。

下午3∶00到4∶00是我大展身手的时间，尤其是最后30分钟。这是冲刺阶段，我要准备在收盘前做好交易。在收盘前的最后一个小时，我一般都已经清楚自己在收盘前要怎么做。在最后一个小时，我完全聚焦于报价机、我投资组合中的股票和不同指数的变化。我在最后一个小时形成交易计划，具体到每个基金交易多少。下午3∶30到3∶45分的市场通常有很多小的假动作。我把这些假动作叫做瑞德克斯（rydex）波动，因为瑞德克斯的报价有延时，使用瑞德克斯报价系统的人必须提前15分钟下单，也就是在3∶45分以前下单，市场的这种波动会让使用这个报价系统的人迷惑。

我在下午3∶50到4∶00之间拨打景顺（INVESCO）公司的下单电话。如果我同时拨打两面神（Janus）公司和思状（Strong）公司的下单电话，那么场面就有点忙乱了。景顺公司和思状公司的下单电话几秒钟就可以打通，两面神公司的下单电话则要很久才能通。有时候，在打电话的时候市场就发生了变化，我则要根据变化改变我的下单量。

下午4：00到4：15分我要查看芝加哥收盘时标准普尔期货公允价值的升水或缩水是多少。下午5：30以前我通常在家里，一边收听财经频道，一边阅读财经报纸杂志。在此期间，我还要到marketwatch.com网站查看不同市场的总体情况。下午5：00到5：30之间moneynet.com网站上已经把我的基金的收盘价列出来了。5：30分是我情绪变化最大的时候。知道了基金的收盘价后，我出门跑步。

我的交易日并非在下午5：30结束。晚上我要检查芝加哥电子期货交易系统（globex）标准普尔股指期货的交易情况，要定期检查亚洲市场的交易情况，还要到雅虎网站去看看是不是有突发新闻。

我一天24个小时都在关心交易。我常常能想象到市场的变化情况以及变化对我的基金组合的影响。对于市场可能的变化，我一直在思考对策。即使是在半夜醒来，我的脑子里也在思考第二天如何面对市场的变化进行交易。

我已经描述了我的典型的交易日，这看起来似乎完全没有我自己的生活，其实我是有自由时间出去的——买东西、去艺术馆、去北边100英里外的路易斯维尔动物园。如果我白天出门了，那是因为我对自己目前的仓位很满意，不必调整。但是如果市场不配合，我还是要做调整的，所以我会带上手机。我在期货经纪公司开通了网上行情，我能看到所有的指数——道琼斯工业平均指数、标准普尔指数、纳斯达克100指数和罗素2000指数。很多时候，我一出门，麻烦就来了。

我有时候会琢磨自己的日常交易行为是不是一定要如此单调。1998年10月16日周五晚上到10月22日周四晚上，我帮一个朋友搬家，要从这个县搬到那个县。在此期间的交易日，我只好用手机看道琼斯工业平均指数、标准普尔指数、纳斯达克100指数和罗素2000指数。那一周市场很活跃，尤其是罗素2000指数，我还大量加仓了。那一周我远离了财经频道、互联网、金融出版物，结果我还赚了1万多美元。

我没有交易方面的朋友，所以在交易日也找不到人聊天。我总是一个人交易，从来没想过要找交易方面的朋友。我也不想受别人观点的影响，坦白地说，我还不知道谁的观点值得我尊敬。然而，我在交易时段喜欢到聊天室和论坛里聊天，因为这些地方有很多观点，但我觉得这不等于拥有交易方面的朋友。

# | 介绍 |

如果你是一名交易者，或是一名有抱负的交易者，你热爱股市，那么本书就是为你而写的。无论你投资的是股票、共同基金、证券、指数期权、股指期货，还是标准普尔的衍生品或道琼斯的衍生品，都行。无论你喜欢哪个品种，挑战都是一样的：和市场的节奏、动量保持一致。本书中的交易策略和思想会让你更好地了解价格波动，并利用动量赚钱。

《我如何以交易为生》会详细地说明我以交易为生时所使用的交易技术。这些东西是我33年来的交易浓缩——有好的、有坏的，还有丑陋的。也许我最终还是做对了什么。过去有很多年，我在原地踏步，不赚不赔，突然之间所有的东西都有了头绪，因为我顿悟了。然后我把2200美元增值到了65万美元，而且在这期间几乎没有一个月是亏损的。

感谢热情奔放的股市，我已经不再是初出茅庐的交易者了，也不再是砧板上的鱼肉了。我也不是过时的交易明星，专靠写书维持生计。我从1985年开始年年赚钱，到目前为止，我在1998年赚的钱最多，1998年我赚了19.6万美元。（译者注：本书写于1999年）

有一个绝望的、亏损的交易者曾向我哭诉，正是他的哭诉让我决定写作本书。你会在第01章看到这个绝望的交易者的有关描述。一旦我开始了写作本书，我发现除了那封绝望的来信，还有其他原因激励我完成本书。

其中一个原因就是大众对以交易为生的误解。大量的书、系统、研讨会、业务通讯邮件、传真信件都在向大众兜售无风险的快速致富方法，这些都加深了大家的误解。这些方法都是商人发布的虚假的宣传广告，商人是擅长造梦的。如果你认真地去研究这些所谓的大师，你会发现他们根本就不是以交易为生的。他们巧舌如簧，夸夸其谈，实战就不行。我不但懂理论，还能做好实战，像我这样的人比较少。

我写这本书的另一个原因，是市面上投资书的作者大多是学院派或理论派人士，他们对交易知之甚少，甚至从未涉足交易，我要制止这种现象的蔓延。这些人写的书有统计研究、有图表、有价格模式，看起来令人信服，但实际上是事后诸葛亮，书中的例子都是作者事后刻意选择的。如果你用真钱去交易，你会发现书中的方法只会让你亏钱。《我如何以交易为生》中的技术和策略则是建立在本人多年的真实交易的基础上的。

本书还能证明普通交易者也能实现成功的居家交易。每个人都读过关于市场奇才和其他交易明星的故事。如果仔细研究，你会发现这些被高调宣传的交易者大多不是居家交易的，也不是靠自己的交易账户赚钱生活的。实际上，他们是纽约或芝加哥的场内交易者、对冲基金经理、交易顾问，他们管理着别人的上千万的资金。看到这里，有些人恐怕会认为只有像他们那样成为大户或为大公司做事才能实现交易上的成功，本书会告诉你并非一定如此。

本书和最近出版的很多交易书不同，我不是为了自己的业务通讯邮件、传真服务或交易研讨会做前期的宣传工作。我的名声就来自于以交易为生，我想永远以交易为生。如果我做不到以交易为生，也许你就会发现我在交易研讨会上兜售昂贵的交易课程，或是在网上收费传授经验。

第01章

# 帮助一个
# 绝望的交易者

90年代初我是一个训练有素、经验丰富的商人。我写了几本关于股指期货日内交易的小册子，自己做推销。我和其他商人不同，我在做推销之前的很多年就在交易方面成功了，我确实懂交易。

我的小册子受到了交易界的欢迎。几家交易杂志介绍了我的情况，很多人邀请我到交易研讨会上面去演讲。交易者的成功不在于赚了多少，而在于如何持续一致地交易。我在过去10多年间几乎没有一个月是亏损的。由于我无所保留地公开了自己几年来真实的交易结算单以证明自己的能力——其他人是不愿意这么做的——我的知名度提高了。

我销售交易相关的产品不是为了出名，不是为了财富。实际上，我是想让人们知道我是以交易为生的。所以在1996年初，我把我的小册子移交给专门的公司去做，自己则离开了人们的视线，不想再回来做生意。

一旦离开了人们的视线，我的交易又上了一层楼。我对自己独立交易的成果非常满意。有一天，我收到了这样一封信："我是一个绝望的交易者。8个月前我兴高采烈地辞职了。我努力做正确的事。我买了最好的电脑、最好的软件、最好的数据接口，找到了一个导师，花2500美元买了一个交易系统……可以说我是最刻苦的交易者。我把所有的时间和精力都投入到交易上面，我想成功……"

信的后面说他如何在8年的时间里打了两份工，目的就是为了省下10万美元做交易。但事与愿违，他的交易系统不赚钱，他的导师后来被证明是个骗子，被管理层罚款了，他的资金缩水到了1万美元以下。在信的结尾处他问我能不能帮帮他，教他赚钱。他很努力地去学，去做，但是不得要领，为此他备受挫折。

也不能说我喜欢帮助别人，但我确实被这封信影响了。我感受到了他的痛苦、挫折和绝望，因为我也同样为找到成功的答案而绝望过多年。为了帮助这位写信的人和像他一样的人，我决定回到生意场，开始写作《我如何以交易为生》。我在交易生涯中挣扎的时候，为了获得成功，我看了一些具有启发性的书。我希望我的书也能够给你们带来一定的启发，帮助你们成为赢家。

# 我的资历

你在那些对冲基金经理或交易顾问精英里找不到我的名字，所以你可能会怀疑我是否有资格写一本关于如何以交易为生的书。我得解释一下，我是一个专业的居家交易者，我很喜欢股市。1961年我14岁，当时看了尼古拉斯·达瓦斯的《我如何在股市赚了200万》[①]一书以后，我的梦想就是以交易为生。

以交易为生的路颠簸难走，路上还坎坷不平。曾经有19年的时间，我一边工作，一边交易，一边摸索，我的账户一直在2000美元到4500美元之间波动，总体而言，我没赚钱，也没亏钱。1985年3月间，我突然顿悟了。过去20年来，我一直在梦想、渴望、祈祷，最后我终于找到了门路。

从1985年春天开始，我的账户资金稳步增值，几乎没有亏损。我顿悟的时候账户里只有2200美元，而目前除去税费和生活费用，我的账户里有65万多美元。在过去几年里，我的月平均利润都在1万美元以上。我交易成功的特点就是持续一致性。在过去的14年里，平均20个月中只有1个月是亏损的，且月亏损额不会超过2000美元。

我的交易理念是：财富来自资金长期的、系统化的、有纪律的复利增长。资金每年会复利增长，那么交易产生的利润也是如此。我在1998年赚了19.6万美元，但我从没想过资金的复利有这么厉害。

有些读者会觉得我在这里吹嘘自己的业绩不太合适，对此我表示歉意。我只是想说明自己的资历而已。毕竟读者购买本书的目的

---

注 释

①尼古拉斯·达瓦斯，《我如何在股市赚了200万》，纽约：里尼斯图尔特出版公司，1986年。

是从实战者手中得到真实的第一手的成功交易的资料，而不是听一个人教皇式地夸夸其谈。有很多人能靠预测赚钱、靠宣传赚钱、靠兜售交易工具赚钱，但他们就是没能力靠交易赚钱。

表1.1和图1.1分别显示了我在1996年到1998年以及1999年头8个月的月度交易业绩。我性子很直，一向反对别人在没有证据的前提下吹嘘自己的交易业绩。我所有账户的交易结算单能证明本书的所有收益数据，而且会通过独立的第三方人士——考特尼·史密斯先生公布出来，他是《商品交易者消费报告》①的出版人。我选择他的原因是他和我一样，很早就懂了股票、期权、期货和共同基金。

**表1.1　每年的收益**

| **1999年的交易收益（到8月为止）** | **$63,099.19** |
| --- | --- |
| 1月 | $14,288.59 |
| 2月 | （−1,788.50） |
| 3月 | 11,920.60 |
| 4月 | 19,443.74 |
| 5月 | 450.28 |
| 6月 | 4,607.91 |
| 7月 | 4,027.63 |
| 8月 | 10,208.94 |
| **1998年的交易收益** | **$196,390.24** |
| 1月 | 8,596.69 |
| 2月 | 19,953.82 |
| 3月 | 29,317.18 |
| 4月 | 8,265.19 |
| 5月 | 3,038.30 |
| 6月 | 12,192.73 |
| 7月 | 13,315.15 |
| 8月 | 2,298.34 |
| 9月 | 3,925.27 |
| 10月 | 23,468.39 |
| 11月 | 59,190.88 |
| 12月 | 12,828.30 |

注　释

①考特尼·史密斯，《商品交易者消费报告》，纽约10150-7603，7603邮箱。

**表1.1 每年的收益（续表）**

| 1997年的交易收益 | $113,015.54 |
|---|---|
| 1月 | $10,394.36 |
| 2月 | 11,556.47 |
| 3月 | （−1,958.46） |
| 4月 | 8,788.59 |
| 5月 | 18,374.48 |
| 6月 | 11.348.71 |
| 7月 | 16,708.22 |
| 8月 | 4,851.26 |
| 9月 | 16,408.76 |
| 10月 | 4,105.60 |
| 11月 | 4,043.72 |
| 12月 | 8,393.83 |
| **1996年的交易业绩** | **$72,511.88** |
| 1月 | $4,752.12 |
| 2月 | 5,374.55 |
| 3月 | 253.89 |
| 4月 | 4,560.14 |
| 5月 | 10,047.18 |
| 6月 | 5,300.58 |
| 7月 | 2,621.08 |
| 8月 | 8,255.24 |
| 9月 | 12,153.31 |
| 10月 | 2,270.03 |
| 11月 | 7,750.26 |
| 12月 | 9,173.50 |

# 谈下一个话题

本书并不是基础的交易书，所以不会谈论那些传统的图表模式、均线和振荡指标。我觉得这些被过度使用的方法都是没什么大用的。本书不会讨论秘而不宣的交易系统，也不会讨论神奇的数学公式。成功的交易和波浪理论、周期理论、占星术、数学、比率、数组、三次方、画线都没有关系。

你在阅读本书的时候一定要聚精会神。对于本书的某些内容，你可能会强烈反对。由于我本人采用过不同的交易方法，对每种方法都有亲身体会，所以最终形成了自己的交易风格。不管你对我的风格有什么看法，起码我靠这些风格实现了一个交易者的目标。

比如说，我不但不相信图表和振荡指标，我还认为购买广告经常吹嘘的软件基本上是在浪费钱。我仅仅依靠财经频道的报价机和一台电话机就能实现成功的交易。我也是一个情绪化的交易者，我在交易的时候也完全没有信心——亏损的交易有时候让我连续几天不振，甚至连续几周状态不佳。有些心理交易大师声称要如何如何才能成为成功的交易者，我的情况常常不是他们所说的那样。

《我如何以交易为生》还会提到其他交易书。我买了很多书，差不多有450本。其中很多书不是畅销书，甚至绝版了。这些书提到

**图1.1 加里·史密斯从1996年1月到1999年8月真实的资金曲线**

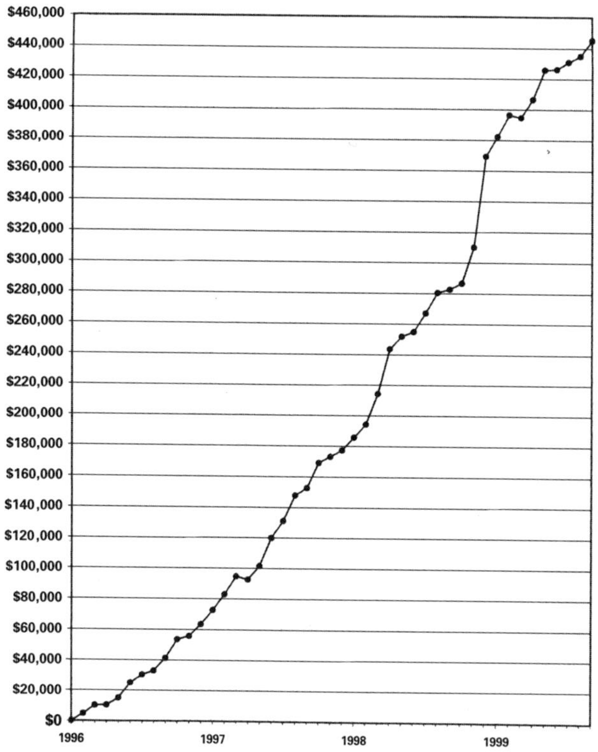

了很多有价值的原则，让我印象深刻，并帮我实现了交易成功。我特别强调一下，60年代和70年代初出版的书才是珍宝，书中有很多真知灼见。

因为我是一名成功的交易者，所以我很出名。与此同时，由于我喜欢打击造假者，很多人知道了我的名声。有些人明明是靠销售赚钱的，却号称自己是以交易为生的，我特别喜欢揭露他们。当然，我不会利用本书对任何商人进行个人攻击。

《我如何以交易为生》不是自传。我相信没人会对我的个人生活、政治观点或宗教观点有兴趣。但我认为花几个章节说明我是如何成长为一个交易者是非常重要的。要想了解我现在的成就，首先就要搞懂我以前是如何亏损的，这样才能有帮助。当你们知道了我早年的困境时，你们很多人会感同身受的。

有些人说一个人的交易成就来自天赋或天生的能力，这是胡说！有些人无法相信自己能取得我这样的成就，就为自己找借口。我在成功前就遇到了很多年的逆境，这说明我并没有什么天赋才干。

这里有必要强调一下，对我来说，现在的交易很简单，但是在这之前我挣扎了很多年，走了无数的弯路。经过长时间的实战磨砺才形成了我现在的交易风格，这点很重要。你不可能一下子就全盘吸收我的东西，我也不可能把任何人复制成加里·史密斯。你可以从本书中找到适合你的见解和策略，并把它们溶于自己的交易风格中。

交易就是一个进化的过程，你会从一个一无所知的人进化到新手、有一定能力的人、能手，最终成为为数不多的专业交易者。无论你现在处于哪个阶段，《我如何以交易为生》都会帮助你再提高一个层次。

# 第02章

# 梦想轻松赚钱

我在小学五年级的时候就有了用钱生钱的想法。当时我们班到一个附近的教堂聚会活动，那时我第一次玩到了轮盘赌。你可以把硬币等小钱放入轮盘中的某个位置，如果轮盘停在了你的位置，你就可以得到相当于你下注金额2～5倍的金钱。我当时立刻就被这个轻松的赚钱方法吸引了——说它轻松，是因为虽然我才上五年级，但我也能明显地看出来轮盘停在某个位置的概率很大。结果我一整天都在玩轮盘赌，赢了不少。

这次玩轮盘赌的经历导致我开始寻求轻松的赚钱之道。我根本没想到这条路曲折坎坷，充满了艰难险阻，让人一再失望。因为我从小就喜欢独来独往，轻松赚钱对我来说是一种诱惑。我在那么小的时候就知道成人的世界无非就是工作计划、做事要押期限、老板永远不会为我做事。我需要尽快致富，这样当我长大的时候就可以做自己想做的事了。

我读七年级的时候，我爸把他以前做报童时收藏的硬币都给了我，虽然我爸从来没说过什么，但我没想到他如此信任地把他的收藏都给了我。于是我开始了第二次轻松赚钱的经历。我把其中一个面值5美分的纪念硬币拿到当地的一家硬币交易商换回了35美元。几周后，我把这些硬币都卖掉了，净赚150美元。

收藏硬币的行为受到了第一次投机行为的冲击。我跑到当地的银行去找硬币，很多值钱的硬币还在流通中。找到它们，并把它们拿到硬币交易商那里换取比面值多的金额，对我来说是很轻松的事。

1961年，投机活动越来越猖獗，达到了顶峰，简直是把硬币当股票炒。非流通的硬币发疯了，价格飙涨。我在60年代初也加入了这次投机怒潮。我现在都还记得当时买了一些非流通的1955年费城图案的硬币，几个月后转手一卖就赚到了150%的利润。我还记得自己曾求着神父要2500美元去投资非流通的1950年丹佛图案的硬币。还好我被拒绝了，因为这项投资即使拖到现在都是亏损的。

# 市场的警钟

永远要对轻松赚钱的机会保持警惕。1961年秋天，我第一次阅读到关于股票的书，这本书就是尼古拉斯·达瓦斯的《我如何在股市赚了200万》。当时我读大一，自从读了达瓦斯的书后，我就决定要以交易为生。这本书一直是我很喜欢的书。

尼古拉斯·达瓦斯是专业的舞蹈演员，1952年11月，有人把加拿大矿业公司的股票给他当报酬，这是他第一次接触股票。两个月后达瓦斯去查看股票的表现，让他吃惊的是，股票差不多涨了4倍。达瓦斯当时就想是不是炒股赚钱都这么简单啊。他立刻把股票卖了，并去寻找能在这么短的时间内翻两三倍的股票。达瓦斯的书详细地阐述了他从一个新手到拥有100万美元的过程。我当时14岁，对此印象深刻，对他说的话也深信不疑。对我来说，这是好事，因为如果我是通过其他方式了解交易的，也许我就不是一个交易者了。

尼古拉斯·达瓦斯告诉了我成功交易的基本原则：顺势交易，止损，在让利润奔跑的同时跟踪止损。更重要的是，达瓦斯告诉我：唯一有价值的东西就是价格本身的波动。

几年后，我又看了第二本关于市场和交易的书，这本书是本顿·戴维斯的《道1000》①。得到这个小宝藏是我的幸运——这本书已经绝版了，即使到网上专卖二手股票书和稀缺股票书的网店都找不到。

这本书再次强调了我从尼古拉斯·达瓦斯那里学到的顺势交易、买入最强的、卖出最弱的等理念（译者注：本书中的"弱"和"弱势"都是指价格跌得厉害）。戴维斯的观点还包括："把华尔街的基本真相压缩到一件事，那就是：市场自身的波动……股市永远是对

---

注　释

①本顿·W.戴维斯，《道1000》，纽约拉奇蒙特：美国研究会，1964年。

的，股市永远用最好的方式讲述自己的故事……遵守原则才能炒股成功。永恒不变的原则就是坚持投资于表现最好的股票。"①

《我如何在股市赚了200万》和《道1000》都讲了一些心理面的话题：交易场内没有专家，如果你想成功，只能靠自己研究。忘掉热门消息，忘掉当前的大师，忘掉业务通讯邮件中的预言家。

我以为剩下来的事就是如何增强自己的信心。但是我接下来阅读的第三本交易书叫《出局》②，顾名思义就是说亏得太多，即使是专家也看不到希望了。这本书是匿名投资者写的，只有薄薄的125页。本书的背景是50年代末60年代初的大牛市，讲述了一个交易者如何眼睁睁地看着自己的6.2万美元缩水到297.78美元的悲惨故事。

这位匿名作者为了找到轻松赚钱的方法，他花了7年时间追逐热门消息和所谓的专家。如果他能更深入地研究一下交易的机制，他是不会把所有资金都亏掉的。让我生气的是这本书竟然恶毒地攻击尼古拉斯·达瓦斯的书。他说达瓦斯的书"给新人的启发都是鲁莽和危险的"③。对于不了解达瓦斯的原则的人来说，一定要记住——达瓦斯说了要止损。

我阅读的第四本关于交易的书是经典名著《股票作手回忆录》，作者是爱德温·李费佛④，讲的是最出名的交易者杰西·利弗莫尔故事。《股票作手回忆录》可能是被引用得最多的书，杰克·施瓦格⑤的书中采访到的市场奇才都喜欢这本书。在我的交易生涯中，我把这本书反复看了10多遍。虽然这本书在是1923年写的，但即使是现在也不会过时。《股票作手回忆录》提供的真知灼见比任何交易书都要多。

杰西·利弗莫尔对行情变化超级敏感。在他那个年代只有报

---

注 释

①戴维斯，《道1000》，第48、68、99页。
②匿名投资者，《出局》，纽约：西蒙与舒斯特公司，1966年。
③匿名投资者，《出局》，第15页。
④爱德温·李费佛，《股票作手回忆录》，纽约：Wiley 公司，1994年。
⑤杰克·D.施瓦格，《市场奇才》（台湾翻译成《金融怪杰》），纽约：哈伯与柔出版公司，1990年。杰克·D.施瓦格，《新市场奇才》（台湾翻译成《新金融怪杰》），纽约：哈伯出版公司，1992年。

价机，但他能通过报价带的信息知道哪只股票强，哪只股票弱，还能知道大盘的强弱。我从利弗莫尔那里学到的最有价值的技术就是如何加仓。利弗莫尔和达瓦斯的技术很相像，利弗莫尔在初步建仓后，如果价格的变化对他有利，他会持续买入。你会在本书后面看到我是如何运用这个策略的。

利弗莫尔很出色，出色到他从来不管市场的心理面。本顿·戴维斯的《道1000》是这样描述的："利弗莫尔的成功来自天生对数字的敏感和完全没有谨慎——而我们大多数人都是谨慎的。"[1]利弗莫尔是要么爆赚、要么破产的交易者，他一生中至少4次彻底破产。30年代初美国证券交易委员会成立，并立法限制了各种市场操纵行为，委员会从这个法律角度认为利弗莫尔不是合法的交易者。利弗莫尔在1940年开枪自杀，他在遗言中说他认为自己的一生是失败的。他留下来的资产不到1万美元。[2]

# 开始交易

我在1966年秋天第一次买股票：买了5股克莱斯勒，总价值200美元。当时我在俄亥俄州代顿大学读大二。几个月后，我把自己收藏的硬币都卖了，换取了2000美元，这样我就有了更多的交易资金。在余下的大学时光里，我只看股票书，并总是在课堂上幻想以后如何在股市致富。

可惜我在交易生涯的第一年毫无建树，只是拥有致富的梦想而已。1967年到1968年的市场为交易者和投机者提供了很好的机会。美国证券交易所的股票涨得飞快，1967年涨了66%，1968年涨了33%。疗养屋和移动屋制造商这个板块的股票价格涨了3～4倍，甚至更高。我买入了所有的热门股票，但我没赚到钱。

我在交易生涯的早期明白了一个大道理：阅读所有的交易经典书籍是一回事，用真钱交易又是另外一回事。当你在真实的世界交

注　释

①戴维斯，《道1000》，第81页。
②约翰·布鲁克斯，《戈尔康达往事》，纽约：全部价值出版公司，1969年，第279页。

易时，心理作用就出现了。我那时才二十一二岁，对于在交易时产生的思想上的振荡，我毫无准备。我当时还有一个问题，我以为自己可以依靠10万美元一夜致富。一方面我想快速致富，一方面我的资金比较少，导致我在交易时违反了从达瓦斯和利弗莫尔那里学来原则。大学期间，我的问题就是害怕利润回吐，就是这种恐惧导致我从来没能让利润奔跑。

虽然我在交易时没赚到钱，但我一直斗志昂扬。我每天下午都跑到当地的经纪公司去看translux牌报价机屏幕上的价格，晚上则到学校图书馆去看标准普尔公司和穆迪公司的文章，只要是关于股票的文章我都看。我还订阅了《华尔街日报》和《巴伦周刊》，并把每个版面的内容都记下来了。也许你不相信，曾经有一段时间我可以背诵纽约股票交易所和美国股票交易所所有股票的52周最高价、最低价和最新价。可惜啊，这方面的知识从来没让我赚过钱。

# 进入真实世界

我于1969年春天大学毕业，几个月后我和高中时喜欢的一个女生结婚了。我还记得我们度蜜月时的情景。我买了一只叫国际控股的股票，当时大部分股票都在跌，这只股票却快速上涨了一段时间。那会儿除了迷人的老婆让我激动，这只股票也让我激动。

几周后，这只股票突然被停牌，不能在美国证券交易所继续交易了，这让我的心情从激动变成了极度恐慌。如果你还记得这家公司的CEO是罗伯特·韦斯科，你就会明白它被停牌的原因。一个月后国际控股复牌时，我亏损了50%，让我这个小户深受打击。

1969年我毕业结婚时，越南战争也达到了顶峰。我跑到俄亥俄州哥伦布市一家大银行去应聘并通过了面试，被安排在投资信托部接受培训。我在那里知道了很多大人物，学到了很多股票知识，了解了很多公司的情况，我很满意。我的计划是利用我的硕士学位在银行先做周边工作，然后再找机会进入我向往的资金管理部门。在60、70年代，要想进入金融界，是必须有硕士学位的。

　　我最终还是没去银行工作。我当时是预备役军人，部队安排我去接受几个月的训练。结果在我等待银行通知的这段时间经济又萧条了，银行不再招人了。所以训练结束后，我搬到了克利夫兰州并加入西亚斯百货公司做管理工作。但是我的表现并不好，因为我太在意交易了，我对如何做好产品经理兴趣不大。

　　即使在我做交易的早年，我也离不开股市。1971年我的肩膀接受了一次手术，我一醒过来就要起床，要给我的经纪人打电话询问股票的表现，尽管当时我头痛欲裂。你可能认为我太没有自己的生活了，其实这就是我的生活——股市——我享受着股市的每一分每一秒。

# 第03章

# 期货市场在向我招手

在我交易的头5年里，我的账户在2000美元到4500美元之间振荡。有时候赚钱，有时候亏钱，最终只能说我是不赚不亏的。我大部分时间都是在玩股票，偶尔也涉足期权，包括看涨期权和看跌期权。在60年代末还没有期权交易所，你要通过不同的期权做市商进行交易。如今期权还是一个吃人的市场，购买期权的本金和期权的时间价值都是吃人的手段。

由于在股市没有赚到钱，1971年我开始进军期货市场。我就像很多资金不多但充满了梦想的小户一样，被杠杆效应吸引了，以为可以利用杠杆大赚特赚。当时我看中了瘦肉猪期货和猪肉期货。

可我不但没赚到钱，还差点在期货市场亏光了。我终于明白了做多时吃到跌停是什么滋味。我买入两份猪肉期货合约，第二天就出了一个重要的报告，之后的两天我恐惧万分地看着市场下跌，却根本无法平仓。即使如此，我还是认为这只是新手常犯的错误，我迟早会发财的。

我在西亚斯的工作影响了我的期货交易，所以一年后我辞职了，不再接受管理培训，而到纽约罗彻斯特的斯宾赛礼品公司做了经理。我想，做了经理以后我就可以在任意时间给我的期货经纪人打电话，想打就打。由于我太关注期货交易了，所以我的工作业绩也不行，一年半后，公司把我开除了。

最后，我又回到了我的家乡肯塔基州的路易斯维尔，并在克莱顿期货经纪公司做经纪人。克莱顿是当时最大的期货经纪公司之一。我认为作为经纪人，盯着每笔交易可以提高自己的收益。当时是1973年，俄国人在购买谷物，长达10年的通货膨胀周期开始了。曾经有一段时间谷物的价格天天涨停。虽然我当时也参与了，但我还是没赚到钱。

# 跌跌撞撞地走过了70年代

我在1973年底离开了经纪公司。为了增加自己的交易资金，我学了一些快速致富的方法，有些方法还真的有用，至少在一段时期内是有用的。1973年底到1974年初，白银的价格飙涨，我在报纸刊登了收购银质硬币的广告。铸币厂不再使用白银铸币后，大众收藏了很多银质硬币，只要有像我这样的商人以两三倍的价格收购，很多人是愿意卖的。然后我再把硬币卖给南方的大买家，而这个大买家和纽约的精炼厂有合同关系。

1975年到1976年间，我加盟了南方加州的几家连锁公司，这样就可以在家创业了。投资者只要投资3000美元，就可以在家自己制作木质吊坠和项链，这些南方的公司保证他们会收购投资者的产品，然后再统一卖给大型超市。

本来以为在家创业是好事，没想到这些公司在一夜之间蒸发了。我知道自己被骗了，只好向路易斯维尔的联邦调查局报案。后来当地的电视台请我上电视做个节目，我在节目中警告观众说千万要小心在家创业的骗局。

由此看来，整个70年代，我为了增加自己的交易资金一直在想办法。后来我不再想快速致富的事，开始做一些低下的工作，比如保安，工资都不高。在70年代的不同时期，我为当地的炉具制造厂看过门，为疗养院看过门，为女修道院看过门。在无数个孤独的夜晚，我都在梦想总有一天我会成为一名交易者。

我在70年代唯一一次赚钱的经历是在芝加哥期权交易所（CBOE）交易期权。我爸在1975年底退休了，他给了我3万美元让我管理。我在1976年初的几个月通过交易美林公司的看涨期权把这个账户增值到了7万美元，只是后面几个月又把利润亏完了。

70年代是期货交易者的大好时光。杰克·施瓦格的《市场奇才》一书中的几个人都是通过在这10年中抓到了大牛市而赚到名声和财富的。我也交易了70年代大涨的期货品种——1973年的大豆、1974年的白糖、1986年的咖啡和1979年底的黄金。但是我有值得炫耀的地方吗？没有，绝对没有，因为我还是没赚到钱。

我在70年代确实没赚到钱，还好也没亏。有点像逆水行舟，总在原地不动。我的期货经纪人说，我这么长时间都没破产，所以也算是成功了。我自己则认为花了这么多时间，得到了这么多的苦恼，结果还没赚钱，我算不上成功。

如果说我早期做对了什么的话，那就是我能从错误中总结经验教训，并不再犯同样的错误，所以我没有破产。比如，在猪肉公司报告公布时持有猪肉合约这件事就告诉我永远不要在重要报告公布时持有合约，除非自己已经有了很多利润做缓冲。

我还记得一笔交易，我当时持有6份小麦合约，虽然市场只是反向波动了一点点，我还是亏了很多。由此我就明白了持有太多合约会发生什么，决定以后不能仓位太重。

70年代后期，我在中美洲期货交易所交易玉米，这个市场波动慢，我只交易两手。我没有设置止损，因为我觉得自己的仓位很低，价格反转不会给我带来巨大的伤害。但是眼睁睁地看着账户一天天地被蚕食，我还是很受伤，最后平仓时同样亏了很多钱。这次的教训就是永远都要设置止损。

# 赌马和轮盘赌

我过去非常喜欢赌博，希望大家不会感到吃惊。难道赌博不就是为了追求轻松赚钱吗？我是在路易斯维尔市出生和长大的，所以我很早就了解了赌马。在我10多岁的时候，路易斯维尔有3个赛马场，两个是赛良种马的，一个是赛标准马的（也就是分跑得快和跑得慢两种马）。因为赌马并没有21岁以上才能参与的限制，所以我在很早的时候就开始赌马了。读大学时，几乎所有的暑假我都在赌马。赌马和炒股有一个共同点：尽量不要亏。

我在70年代中期又迷上了21点扑克，只要你会算牌，你就可以打败赌场。我这个人算不上聪明，但是仁慈的上帝赐予了我记忆图形的能力。我能轻松地记住留在桌面上的牌。我对轮盘赌也特别着迷，由于轮盘是机械的，会有正常的磨损，这样轮盘就不完美了，它停留在某个区域的概率就增大了。

我在1974年12月第一次跑到赌场去赌。我没去拉斯维加斯，而是去了雷诺市，这是因为拉斯维加斯的轮盘上有一个0区域和一个00区域，而雷诺的轮盘上只有一个0区域，这样在雷诺赌博赢钱的概率要大一点。我到了雷诺以后，就立刻去了代尔韦布斯普瑞麻多纳赌场，我在那里玩了30个小时的21点，赚了350美元。我太兴奋了，然后又跑到街对面的内华达俱乐部，开始计算只有一个0区域的轮盘的转动情况。

计算轮盘的转动情况需要几个小时甚至几天的时间。计算的目的就是看轮盘是否停留在某个数字或区域的概率比较大。换句话说，你在寻找机械上有偏差的轮盘。我真的找到了有利可图的机会，不但轮盘有偏差，有些庄家的轮盘偏差还很明显，庄家在转动轮盘的时候也有自己的节奏。我用很少的钱在那里赌了两个小时，最终赚了900美元。

因为要回路易斯维尔过圣诞，我在雷诺也没待多久。后来我在1975年2月和11月又去了两次。这两次赚的钱都不多，但很稳定。我发誓以后要经常去雷诺。

# 80年代必须表现好点

我对80年代充满了憧憬，恐怕没人像我如此开心。至少从金融交易的角度来说，我认为80年代会更好。我在70年代末确实看到了财务上的希望，因为1978年我在艾可菲服务公司做保险调查员。这个职位的薪水不错，还有自由的时间看股市行情。这个工作还很有趣，我完全有能力做好它。

可惜我在70年代没有能力从期货市场赚钱，于是我又把注意力转回到股票和期权。我在1980年4月21日买入了美林公司的看涨期权。我能记住这天是因为这天是我的生日，而且道琼斯工业平均指数在这天创造了1980年的最低点。平时我不可能做得这么好的，这次却阴差阳错地做到了。

1980年7月，我决定把我的办公地点从路易斯维尔搬到雷诺去。换工作地点的同时，公司还给了我全薪的职位，这真是好消息啊，因为我可以想怎么做就怎么做。在雷诺，市场的收盘时间相对提前了3个小时，我有足够的时间做公司的事。

在80年代初期，我越来越受交易的拖累。我的交易成绩和70年代差不多，我的账户从来没有超过4500美元。1980年夏天，因为严重干旱，谷物价格上涨了，我在行情开始的时候就进场了，也不知道怎么回事，最终还是不赚不亏。

我一直努力，一直不成功。多年来，我经历了所有交易者都要经历的进化过程。在不同时期，我全心全意地研究了各种方法，包括价差交易、周期性交易、循环交易、图表交易。我认为自己不但是图表专家，同时还懂深奥的点数图艺术。我订阅了所有的招揽客户的邮件、杂志和报纸，比如《商品世界》、《商品》（现在叫《期货》杂志）、《观点一致》。《观点一致》是一份周报，它详细报道了各种经纪公司和投资咨询服务公司的研究报告。

1981年是熊市，我减少了交易。到了1982年，我开始寻找底部特征。当年夏天我忙着交易哈顿公司的期权。1982年8月17日是纽约证券交易所有史以来买单最大的一天，这次井喷行情是超大牛市的开端。你猜猜我会如何——我在8月17日这天也做多了。虽然这次大牛市一直暴涨到年底，但我还是没赚到钱。

到了1983年，我开始第一次怀疑自己，我问自己到底有没有才能、技术或其他什么东西以成为全职交易者。我清楚地记得自己坐在球场的空地上，苦思自己到底错在哪里。股市从1982年8月开始一直在涨，我也参与了，为什么我这个专业人士就不赚钱呢？当时我的女朋友建议我去看心理医生，她说我有赌瘾——股票和期货市场就是让人上瘾的地方。

我从来不认为自己有赌瘾。实际上我在1983年已经不再玩21点、不再赌轮盘赌了，也不赌马了。其实我玩21点是能够持续地赚钱的，但我发现它太乏味太无聊了。最终我放弃玩21点的主要原因是赌场的烟味太臭，而且你还要从那些生命低微的人身上赢钱。相比之下，我更喜欢轮盘赌。对于庄家，我能通过轮盘赌打败他们，他们很怕见到我。他们在转动轮盘的时候大声叫喊"不准再下注了"，害得我没时间把所有的筹码都押上。在赌场上，用小筹码赌轮盘的人常常会比玩21点的人还要惨。

我不像有些人，在成功以后就大肆批评以前的生活方式。你知道这个世界上有这样的人：戒烟成功的人宣传抽烟的坏处；或出狱后的人突然发现了上帝并积极改变世界。而我不想过高地吹嘘自己，就用维克托·尼德霍夫（Victor Niederhoffer）的老爸送给他的一句话来解释吧："所有的赌徒都将破产而死，大部分赌徒将一直落魄下去。"[1]从我第一次赌博到那时也有10多年了。当我再去赌马场的时候，我也不赌博了，只是看看马匹或是看训练师和骑师之间的竞争状况。

注 释

[1]维克托·尼德霍夫，《投机者养成教育》，纽约：Wiley 公司，1997年，第173页。

第04章

# 几乎被彻底打败

我在1983和1984年接连亏损，便彻底气馁了，失去了方向。我在这个市场里忙了18年，最终才发现我对价格方向和趋势一无所知，我根本找不到有价值的东西。我开始学习大师们的理论，这是我第一次这么做。以前，我总是骄傲地依靠自己做交易，可是我什么都没得到。

我研究的大师理论包括菲波纳奇（黄金分割点）、江恩理论、RSI、随机指标、MACD、波浪理论、周期理论，甚至还学了占星交易学。但是你知道吗？我发现这些大师理论对我根本没用，他们都不是以交易为生的。实际上他们都是靠销售交易工具、服务或业务通讯邮件为生的。事后看，他们的方法似乎超级有用，可一旦进入实战，就会发现这些方法很不准确。

1985年1、2月，我陷入了极度的深思，这是我以前从没进入过的思想状态。我交易了25笔，竟然有22笔都是亏损的。在1985年初，外汇、债券、活牛、猪肉、大豆——你随便讲一个，我都是亏的。我用19年的时间去追求一个梦想，没想到这个梦想仅仅是纯粹的幻想。我当时快38岁了，我将如何面对自己以后的生活？我只有一个区区2200美元的账户和一辆破旧的车。更糟糕的是，公司在2月底通知我，我必须在4月1日转到海湾地区去工作，否则我这份工作就保不住了（我确实不想去海湾地区）。现在该怎么办？又回头去做低薪的保安吗？

19年来我第一次下定决心要找出自己错在哪里。在我的交易生涯中，我认为我总有一天会致富的，不过这个梦想总是在做梦的时候才会实现，有意思吧？要想实现以交易为生的梦想，你需要努力、计划、纪律，还需要坚持。这些我都做到了。虽然我从没成功过，19年后我仍然在奋斗。

1985年2月底3月初，我着手把4年前开始做的交易进行重新规划，我以前从没做过这样的工作。过去我总是把亏损的交易丢在一边，从不过问自己错在哪里。交易者持续亏损的一个原因就是喜欢幻想，他们害怕知道自己错在哪里，为什么错了。我的问题不是我喜欢幻想，而是我太懒了。但我再也不想被亏损的交易困惑了。

没办法，我只好去面对自己的交易缺陷。我用了几周的时间，花了100多个小时研究我过去的交易记录，以期找到自己交易方法中基本面、技术面和心理面的不足之处。就像科学家做实验一样，我一丝不苟地剖析每一笔交易，研究失败和成功之间的线索。是不是某个特定的基本面、技术指标或图表模式总是让我亏损？我是在顺势交易吗，还是在捕捉顶和底？我平仓以后第二天的价格是如何变化的？我的止损范围是太小了，还是太大了？我是不是受到了类似业务通讯邮件撰写人等外人观点的影响？我的交易技术是不是一个好的方法，或是有点疯狂？我希望能通过这些分析找到自己的优点和缺点。

# 交易中的缺点

如果你能从本书学到点什么东西，那么我希望你能明白那就是要研究每笔交易并找到成败之间的线索。在我严格地逐笔分析我的交易时，我突然就从一个不赚不亏的交易者变成了一个持续一致的成功的交易者。通过分析，我发现了自己的很多不足之处，而且我明白了我最严重的错误是没有目标，或者说是没有主计划。我只知道梦想以交易为生，并指望靠梦想变得超级富有。在近20年的交易游戏中，我竟然没有一次想到要如何把这个梦想变成现实。

1985年3月，我设定了一个交易目标，直到今天还在执行中：每个月都要赚钱。我不但定了交易目标，还修改了几十年的交易梦想。从交易的第一天开始，尽快致富的思想就害了我。我决定不再考虑资金总额这个数字，只要我努力做到了每个月都赚钱，那么长此以往，我的本金就可以增值到一个可观的水平。

瑞克·皮蒂诺的《成功是一种选择》①是一本优秀的关于设定目标的书。皮蒂诺认为梦想是我们最终的状态，目标是我们如何实现最终的状态。为了实现梦想，就要用目标来规划例行的工作。他还说一路上的很多小胜可以凝聚成长期的成功——也就是通过慢慢进步让小胜利变成大胜利，并实现我们的目标。我愿意为皮蒂诺的书做宣传。在我设定每个月都要赚钱的目标后我就变成了赢家。这些年来，我通过每个月慢慢地赚钱实现了更大的成功，也实现了以交易为生的梦想。

皮蒂诺还在他的书中强调了，如果我们不努力，不遵守纪律，那么所有的梦想都只是空中楼阁。我对之前4年交易的回顾反映了我不但没有目标，而且交易习惯不好，也没有纪律。比如，我总是认为开盘价和开盘后的价格离开盘价的价差是每天最重要的事件。因为我没有纪律，有坏习惯，我无法在西海岸开盘时及时起床，我总是开盘后两三个小时才起床，然后打电话给我的经纪人询问当天的开盘价、最高价和最低价。

我的分析揭示，我在早上和经纪人通电话时就下单了。大部分这样的交易都是亏损的，这不奇怪。早上起床太晚，以致我无法看到、嗅到、感觉到市场的流动。我又设定了一个目标，那就是早上6：30起床以观察股市和股指期货。我还发誓了，不管我喜欢的品种是哪个，如果我没有及时起床看到它的开盘情况，那么我当天就不去交易它。从很多方面来说，我开始把交易当成生意或职业来做，而不是把交易当做好玩的事或轻松赚钱的项目。

恐惧是我没有纪律的基本原因。我的回顾显示，有些交易我在进场时方向完全正确，后面行情走了一大截，但我似乎总是空手而归。那是因为我害怕亏掉本金，要么赚了一点小钱就走，要么就是看到一个小回调就害怕得平仓了。我不得不重新研究尼古拉斯·达瓦斯、本顿·戴维斯和杰西·利弗莫尔的思想。也不知道怎么回事，我在那些年忘掉了他们书中的纪律，尤其是我忘掉了要让利润奔跑。

注 释

①瑞克·皮蒂诺，《成功是一种选择》，纽约：百老汇出版公司，1997年。

我的逐笔分析揭示了我的一个毁灭性的交易行为，这也解释了为何我在大行情中从来不赚钱。无论我在具有强劲趋势的市场中出场的原因是什么，我从来不知道再进场，结果这个市场涨得更猛。我当然可以用一些心理因素来解释自己这方面的缺陷，但更有意义的是我明白了自己的缺点并把它转变成了优点。我现在交易时，假如说我某天平仓了价值几千美元的仓位，如果第二天市场的走势证明我错了，我会再进场，这样的事屡见不鲜。

之前4年的交易涉及股票、期权、各种期货。从我的分析中可以知道我自己很擅长看出股市的整体方向，尤其能看出不同板块的方向，比如科技板块。但头痛的是我在心理上不能很好地处理单个的品种，股票不行，期权也不行。要承认这点是很难的，因为在我1961年看了达瓦斯的书以后就决定了要把股票做成功。

我不能做好单只股票的原因是：我不相信分散的作用。我每次交易，不是满仓一个品种，就是空仓，股票和期权都是如此。我从没想过要改变这个缺点，也从不相信分散投资。可能这是因为我在早期看了那些人的书，达瓦斯和利弗莫尔也喜欢满仓做一只股票。

我在1985年春天做了一个重要的决定，我永远不再满仓做一只股票或期权。我的计划是聚焦于共同基金，最好是就专注于一只基金。共同基金的好处就是强迫你分散投资。但是我的账户只有2200美元，交易共同基金都不够，所以我决定还是先交易期货，等资金多了再转到基金。

# 放弃图表

设定目标、努力、有纪律，这些对交易成功都很关键。为了实现目标，我还需要具体的策略、方法和交易工具。我的分析还完美地说明了一件事：在过去19年，用图表法交易是徒劳无益的。图表法对我根本没用，如果说是告诉我过去发生的事，图表确实很了不起，但是图表基本上不能预测未来。崇拜图表的人会反驳说图表不是给你预测未来的，它只是提供对未来的提示或线索。不管对使用图表的具体定义是什么，我觉得不看图表更好。所以我在1985年春天又做了一个决定，放弃图表，永远不再参考图表。

我告诉交易者我从来不用图表交易时，他们都产生了很多怀疑。之前19年用图表交易没赚到钱，后来14年不用图表交易反而赚钱了，这已经说明了问题。作为一个记忆力超强的有经验的交易者，即使没有图表，我也能知道市场是在上涨趋势、下跌趋势或振荡模式。

研究表明98%的图表模式其实只是白纸上随机的弯弯曲曲的线条而已。伯顿·马尔基尔在《漫步华尔街》①中描述了一个他参与的实验，这个实验针对的是一只虚拟的价格为50美元的股票。每天掷硬币，如果是正面，就当股票当天涨了0.5点，如果是反面，就当股票当天跌了0.5点，最后画成股票走势图。走势图展示了我们崇拜的经典图表模式，比如头肩形、旗形、细长三角形、三角形、顶部、底部。图表还说明了随便掷硬币的结果也有周期循环。

杰克·施瓦格在《新市场奇才》中采访了一个叫威廉·埃克哈特的人，这个人可以说是比较优秀的交易者之一。虽然他在交易界不太出名，但他的长期交易记录非常好，他的收益是持续稳定的。他是这样评论图表的："大部分图表上看起来是很好的东西，差不多有98%都是没用的。"②

我在1985年以前就应该明白图表分析是失败的。当时我在做期货经纪人，我看见几百个交易者进入这个市场，然后又离开了，最终没有一个人赚钱。这和1977年10月1日《福布斯》上报道的斯坦利·克罗的经历相似③。克罗说他做了13年的期货经纪人、期货部经理、期货交易专员、不同交易所的会员，但他从没见过一个成功的期货交易者。我不认识克罗的客户，但是我所在公司的客户有一个共同点：他们非常着迷于图表。

1998年8月31日，《巴伦周刊》的一篇文章很有力地证明了图表不具有预测市场的作用④。在那之前的几周，有几个知名的图表派

注释

①伯顿·马尔基尔，《漫步华尔街》，纽约：诺敦公司，1996年，第142～143页。
②施瓦格，《新市场奇才》，第113页。
③《布鲁斯古尔德谈期货》第二卷第一部分，第147～148页。邮编98111，华盛顿西雅图，16号邮箱。
④杰·帕麦尔，"技术混乱"，《巴伦周刊》，1998年8月31日，第19页。

人士被采访了，他们各自发表了对道琼斯工业平均指数的观点。一个图表派人士说7月9300点以上的顶部是一个很重要的顶部，这个顶部和1929年的顶部很相似，他认为至少会跌到4600点。他说道琼斯工业平均指数有可能在10月初或11月初跌到5000点时发生彻底的崩盘，如此就更加糟糕。

另一个图表派人士也是看跌的，他还是著名的作者，他说道琼斯在1998年底之前要测试1997年10月的最低点7000点，这是很容易预测的。他说难就难在预测在那以后会怎么样。根据他对图表的研究，他认为道琼斯至少会跌到6000点，同时纳斯达克的表现将落后于整个市场。

结果如何？道琼斯在1998年的最低点是7539点。8月31日，《巴伦周刊》又发表了对图表派人士的采访，采访内容刊登出来了。道琼斯在7600点到8000点振荡了一个月，然后进入了30年来最强动量的上涨行情。道琼斯不但突破了7月的最高点，而且这次上涨由纳斯达克综合指数领涨。那些专业的图表派人士和他们对市场的解读真是"厉害"。

请不要误解：我也承认在交易中看图表只是艺术，不是科学。我不能因为我使用图表失败了就说别人也不能用图表。我在图表上唯一能看见的模式就是上涨、下跌或振荡——这些模式太容易看了，不看图表我也知道。

我对图表采用否定的态度主要是针对期货的，而不是针对股票。根据我的经验和观察，期货图表派人士的失败率大于股票图表派人士。再次说明一下，因为股市在过去200多年都是上涨的，只要你明白了这个前提，哪怕是掷飞镖选到的股票也是上涨的，这和看图表在本质上是一样的。

我不希望、也不鼓励交易者把图表扔进垃圾桶。我在这里想说的重点是，如果你使用某种交易工具和方法，却一直在挣扎之中，那么是不是要换个方法呢？也许你和你的交易工具，方法不兼容。让我吃惊的是，有些交易者用了一辈子的时间去掌握一个特定的方法，却没有用这个方法收获到任何东西。

我在放弃图表的同时也放弃了RSI、ADX、MACD等振荡指标和随机指标。我真心地同意埃克哈特对振荡指标的评论："我认为那些振荡指标基本上是没用的……它们的利润期望值几乎是0。这些指标在振荡区间赚到的钱会在趋势中亏掉。"[1]

我在1983年到1984年期间订阅了一个自称是大师的人的业务通讯邮件，他还销售电脑振荡指标，你能猜到——他不是以交易为生的。他的业务通讯邮件再往好里说也是徒劳。这个大师还在到处做广告，只要有昂贵的交易聚会，他都会去。我在本书后面会告诉你，其实大部分指标都是超买／超卖指标的复制品。

# 市场情绪

我辛苦地做回顾分析，还有一个重大发现：交易游戏的本质是市场情绪。我在1984年已经跌跌撞撞地研究了市场情绪，我在占星术到波浪理论的迷宫中绝望地寻找导致价格波动的原因。就在那时，我购买了厄尔·哈德迪的书《反向意见》[2]。

本书解释了为何传统的智慧在交易中总是错的：当几乎所有的投机者都看多的时候，市场总是下跌；当几乎所有的投机者都看空的时候，市场总是上涨。过去我根据"完美"的基本面或技术面下单，结果几乎是立即亏损，所以我被这本书吸引住了。

除了购买哈德迪的书，我还试订了他的《市场风向标》[3]业务通讯邮件，它每周都会总结超过100家业务通讯邮件撰写者和经纪公司的交易建议。哈德迪把所有投资建议集合到一起，编制成一个指数，哈德迪称之为多头一致指数。这个指数的值从0%～100%，0%表示大多是看空的，100%表示大多是看多的。哈德迪说多头一致指数一般在30%～70%之间。如果指数在30%，那么超卖正在形成；如果指数在70%，那么超买正在形成；如果指数在0%和100%这两个极端附近，那么价格即将反转。图4.1是哈德迪多头一致计量仪的图表描述。

注  释

①施瓦格，《新市场奇才》，第121～122页。
②R．厄尔·哈德迪，《反向意见》，帕萨迪纳：哈德迪出版公司，1983年。
③《市场风向标》。邮政编码91109，加州帕萨迪纳市，90490邮箱。

**图4.1 哈德迪多头一致计量仪**

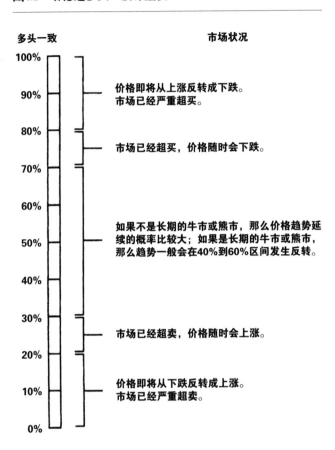

（来源：在R．厄尔·哈德迪的授权下印刷，他是《反向意见》的作者，2000年Wiley公司版权所有。）

在1985年3月分析交易的时候，我拿自己的交易和《市场风向标》中每周的多头一致指数进行对比。因为《市场风向标》里面有历史数据，所以我能够进行比较。这次对比暴露了我的致命缺点。我发现我太有规律了：当指数百分比显示市场已经严重超买时，我就买入了；当指数百分比显示市场已经严重超卖时，我就卖出了。

这很明显地说明了我过去在交易时容易受消息的影响，虽然我总是认为自己是一个非常独立的交易者。我很吃惊地发现自己总是在最高价附近看多，在最低价附近看空。每天的《华尔街日报》都会对不同的期货市场进行评论，我就是根据这些精简的评论进行交易的。我总在开盘后两小时起床，查看对大豆或黄金市场的积极评论，然后立刻打电话给我的经纪人说要买入大豆或黄金。为何我挣扎了这么多年以后还是不赚不亏？回头看，我就明白了。我在交易股票方面也是如此，我是根据业务通讯邮件、杂志或报纸等各种各样的媒体上的积极或消极评论交易股票的。

我拿自己的交易对比这些多头一致指数数字，我发现价格、情绪和趋势是同步运动的，当情绪到达极度乐观或悲观时，情况就改变了，这真的开了我的眼界。我差不多交易了20年才明白是什么在短期内推动了价格的波动——是投资者的情绪。于是我开始收集相关的资料，我发现最好的书是威廉·X.谢恩曼在15年前写的《为什么大部分投资者在大部分时间是错的》[①]。

谢恩曼的书再次证明了我最近的发现，投资者的情绪才是交易中的关键。谢恩曼的书也是交易书中的宝石，一般人很难找到，很多年前我在本地图书馆的年度售书会上把最后一本买来了。谢恩曼强调了我从厄尔·哈德迪那里学到的东西：市场总是力所能及地让大部分人犯错。谢恩曼认为，成熟的投资者必须具备超常的市场心理洞察力才能战胜华尔街。

谢恩曼在60年代末用了3年时间，每天工作12～14个小时以研究股市的秘密。他记录并计算几百个不同投资者的交易行为，包括成熟的投资者和不成熟的投资者。然后他再检查这两组投资者对不同的价格波动是如何反应的。他把发现的结论化成了背离分析理论。当成熟的投资者和不成熟的投资者之间产生背离时，市场的重要拐点就出现了。

像我这样的老交易者都知道谢恩曼。他为《巴伦周刊》撰写市场评论，他为纽约证券交易所的会员公司工作，向机构投资者提供建议。可惜谢恩曼没有找到圣杯。引用墨瑞·泰·布鲁姆的《从流

**注　释**

①威廉·X.谢恩曼，《为什么大部分投资者在大部分时间是错的》，纽约：韦布莱特和泰利出版公司，1970年。

氓到富人》中的话，谢恩曼会这样谈论他的发现："毕竟那不是一定能成功的公式。如果市场走到了极限位置，这个公式确实有用。但是如果市场在过渡区间，这个公式的作用就不明显。可惜市场在过渡区间的情况总是比极端情况要多得多。"①

但我还是认为谢恩曼的书说明了交易最基础的东西。他书中介绍的情绪指标已经成为我系统中不可分割的一部分，比如大众／专业公司做空比率，还有《投资者商情》里业务通讯邮件关于看涨和看跌的建议。

你会发现威廉·谢恩曼对交易的深知深度是无人能比的："市场有节奏，这种节奏是由不断变换的投资者的乐观和悲观情绪推动的，就像潮涨潮落一样。只要掌握了这个节奏的规律，就能做出成功的投资决定……"②我会在后面介绍我正在使用的指标，这些指标不但能让我跟上节奏，还能在节奏不对的时候发出警报。

注 释

①墨瑞·泰·布鲁姆，《从流氓到富人》，纽约：普特南父子出版公司，1971年，第233页。
②谢恩曼，《为什么大部分投资者在大部分时间是错的》，第140页。

# 第05章

# 万事俱备

在花了那么多时间做交易分析之后，该行动了。我已经设定了每月赚钱的目标，我要每天早起等待开盘，我要让利润奔跑。如果我被止损出场了，我不会害怕再次进场。更重要的是，我不会在多头一致指数处于极度超买时买入，也不会在多头一致指数处于极度超卖时卖出。同样重要的是，我不再根据《华尔街日报》上看多或看空的评论分析或总结来做交易。

在完成让人筋疲力尽的研究之后，我于1985年3月开始了第一笔交易。我做多了一份5月份可可合约。那时可可的价格和多头一致指数都在底部附近，多头一致指数值到了34%就会反弹。当时多头一致指数是58%，离70%～80%的极端位置还很远。我买入这天的《华尔街日报》对可可的评论是消极的，说它的供应过多，价格会在未来几个月下跌。如果是在以前，我恐怕不敢买入；但现在如果真要做点什么，我可能会去做空可可。

几天后，我把可可卖了，净利润是1473.72美元。多年来，这笔交易的利润是最大的一笔。我一直在反思，如果我这笔交易也失败了，我的人生会是什么样子。从那以后，我有时候能赚7000美元、8000美元、11000美元，甚至更多，有一周我还赚了2.4万美元。但是这些交易都没有1985年3月的可可交易对我的影响深刻。它给了我19年来一直缺少的东西：开始理解价格波动的本质后带来的自信。

在随后的两周，我净赚了5100美元。自从彻底检查我的交易策略以后，我的利润超过了6500美元。我最大的一笔利润是做咖啡赚了1752美元。我终于登上顶峰啦。19年来，我的账户第一次突破了4500美元这个关卡，并涨到了8700美元。然后灾难又来了，在之后的30笔交易中有28笔是亏损的。很明显，我在某些方面错得厉害。

我和以前不一样，这次我积极地检讨了我的交易。针对每笔交易，我都要搞清楚对在哪里，错在哪里。

一连串亏损的原因是过度交易，过度交易的原因则是我对自己的能力过于自信了。我还有一个问题，那就是过于关注多头一致指数，不停地去看它。通过惨痛的教训，我明白了多头一致指数走向极端时并不一定代表价格立即反转。很多时候价格会在极端位置延续很长时间。

# 股指期货救了我

有两件事能保证我在交易亏损时不至于亏得太惨。我一直把亏损限制在最小。在30笔交易中，虽然我亏了28笔，但是其余两笔的利润完全可以抵消28笔的亏损，这两笔交易做的是股指期货。于是，我针对自己的交易又做了调整：我发誓在选择品种时要有耐心，并聚焦于股指期货。

1985年剩下来的日子里我的交易很顺。从顿悟的3月到年底，我的净利润是7000美元。1985年后面几个月的利润几乎都来自股指期货：标准普尔股指期货、纽约证券交易所综合指数股指期货、纳斯达克100股指期货。由于我在交易其他商品期货的时候基本上不赚钱，所以我决定专注于股指期货。

我在股指期货方面成功的一个原因是我有股市背景，另一个原因则是因为乔治·安吉尔的书《如何利用股指期货把你的资金每年增值到三倍》[1]。书中的第05章谈到了"场内交易者的心理"，第07章和第08章谈到了"三日循环"，这些内容对我的影响特别大。（我会在本书第16章具体讨论如何交易股指期货。）

# 交易成为了我的职业

我19年跟跟跄跄不赚不亏的交易生涯在1985年突然结束了。

---

注　释

[1]乔治·安吉尔，《如何利用股指期货把你的资金每年增值到三倍》，纽约白水村：温莎图书公司，1984年。

从那时开始我的账户就是涨、涨、一直涨。因为我在共同基金方面比在股指期货方面要激进，这些年来我通过投资共同基金把我的账户连本带利地增值到了一个很大的数字。我在交易的同时仍然使用多头一致指数这个情绪指标，还使用动量模式以探测市场整体的节奏。本书会全面讲解这些指标和模式。

我在1985年成功后，有一件事我就不做了，那就是不再单独依靠交易的收益维持生活。我经常听到一些人说他们想辞职并希望以交易为生，这是有勇无谋的想法。他们以为自己可以依靠交易的利润生活，但这个生意是做不成的——交易当然是一门生意。我在80年代是个超级小散户，像我这样的人很有必要把本金复合增长上去。如果你要不停地从账户取钱应付税收和其他支出，那么你就不能辞职。

以我为例，当我的全职工作被结束以后，我又回头去做兼职的保险调查员，这样我这个初出茅庐的全职交易者就有了我需要的东西——现金流。对交易者来说，最糟糕的事就是挣钱付账单的压力。我要通过兼职工作的收入来支付账单，这样我才能全心全意地研究如何让我的交易账户增值。一直到1993年，我才感觉可以舒服地放弃保险调查员的工作并依靠交易收入生活。即使在那时，我还有一个后备方案：我的垃圾债券能够带来利息收入，这些利息收入比我兼职工作的收入还要多。

# 交易工具

我认为所有的复杂的行情软件都是没有必要的，购买它们就是浪费钱，当然我也知道很多交易者肯定不赞同我的意见。很多新手还没有开始交易，就给自己全身上下武装了各种各样价值昂贵的交易工具，为此他们每个月都要付出昂贵的维护费和服务费。其实对于像我这样的专业交易者来说，财经频道的服务已经够用了。只要财经频道的报价机你就能体会到市场的流动和节奏，不必再追求其他工具。

我在求知方面是很贪婪的，只要是和交易有关的东西我都看——书、杂志、报纸、业务通讯邮件、一些网站。我在本书后面"推荐的资源"里面会告诉你我喜欢的资源。但我不会去做刨根问底的研究，我不想坐在电脑前面费劲地思考市场的方向。我更关心的是市场现在在干什么，我不太关心市场在过去或不久的将来干什么。我过去14年一直在看《巴伦周刊》①，其中一个栏目叫"市场实验室"，就是这个栏目让我做出了上述决定。《巴伦周刊》是金融周刊报。

---

注 释

①《巴伦周刊》。邮政编码10281，纽约，图书馆街200号。

第06章

# 为何在股市交易？

我特别相信专业化，找到一个你喜欢的市场并让自己迷上这个市场。非常感谢尼古拉斯·达瓦斯，我对股市一直很着迷。我必须警告你：如果你选择的市场不是股票、外汇或债券，那么你将会面对更多的挫折。如果你想通过交易肉类、谷物、软货（比如可可或白糖）获得名声和财富的话，我建议你再重新考虑一下。我认识一个人，他10多来在芝加哥不同的经纪公司工作，有一次他告诉我说他只看见少数期货交易者赚钱了，而这些为数不多的交易者有一个共同点：他们只交易金融期货——股票、债券或外汇。

图6.1（感谢杰里米·西格尔的《股市长线法宝》[①]）是1802年到1997年股票、债券、短期债券、黄金和商品的收益指数。很多人不相信这个图表。如果你在1802年投资1美元到股市，那么到了1997年它的复合价值是747万美元。在图表上，人们常常讨论的1929年的股灾只是微不足道的小回撤而已。如果你在大萧条时期做了投资，你的收获是很大的。

正如西格尔书中说的那样，即使考虑了通货膨胀的影响，1802年投资的1美元也会增值到558945美元。如果把1美元投资于黄金，它反而会跌到0.84美分。主要原因是股市长期上涨，而其他投资品种都无法超越股市。

有几个关于股市的故事，我很喜欢，这几个故事说明了为何股市就是财富累积器。第一个故事是关于安妮·施贝的，《金钱》[②]杂志对她做了报道。施贝在美国国税局当审计员，她最高的年薪是

注　释

①杰里米·J.西格尔，《股市长线法宝》，纽约：麦格罗黑尔出版公司，1998年，第5、11页。
②弗兰克·拉里，"她是如何把5000美元增值到2200万美元的"，《金钱》杂志，1996年1月刊，第64～67页。

**图6.1　1802年到1997年名义上的收益指数**

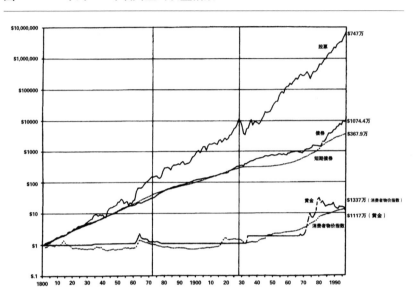

（来源：麦格罗黑尔出版公司授权印刷。取材于《股市长线法宝》第2版，作者是杰里米·J.西格尔，1998年版权。）

3100美元。她从工作中了解到，投资股市一定会致富，1944年她到美林证券开了一个5000美元的账户。

安妮·施贝在1995年以101岁的高龄去世，她那5000美元的投资增值到了2000多万美元。她去世的时候，她的资产红利是75万美元。施贝的投资原则之一就是永远不卖出，实际上她买入后就一直持有，直到去世时也没卖出。

1955年1月21日到1956年1月21日的《投资者商业日报》[1]报道了约瑟夫·罗宾逊夫妇，这对夫妇分两次投资了总价值4015美元购买了先锋基金。仅仅如此而已，他们再没有多投资一分钱。虽然罗宾逊夫人在1993年就开始从账户提取红利和利润，但是到了1997年底，这个账户的总价值仍高达54万美元。如果不提前支取账户的

注　释

①丹·摩罗，"感谢先锋基金和罗宾逊夫妇"，《投资者商业日报》，1988年2月13日，B1版。

48

话，那么这个账户的总价值将会是63.7682万美元。

1999年初，《华尔街日报》的专栏作家乔纳森·克莱蒙兹邀请读者告诉他最聪明的投资和最笨的投资，然后他报道了读者反馈的最聪明的投资[1]。其中一个读者说自己在1967年读大学时，利用假期帮别人卸货赚了1600美元。在父亲的建议下，他用这1600美元购买了37股美国电话电报公司的股票。随着分红的再投入和利滚利，如今这个账户的价值是14.2万美元。

我所知道的利用股市赚钱的最好的故事涉及两个人——唐纳德·奥斯莫和米尔德里德·奥斯莫[2]。他们在60年代分别投资了2.5万美元给内布拉斯加的朋友沃伦·巴菲特，从此以后走上了致富之路。他们的投资在70年代初转化为伯克希尔哈撒韦公司的股票，这个公司是巴菲特的保险和投资公司。奥斯莫先生于1995年去世，当他夫人于1998年4月去世时，他们投资的5万美元已经增值到了8亿美元。

像我这样的短线交易者为何要痴迷于股市的长期表现呢？因为要想成功，交易者就要尽量利用每个优势赚钱。如果明白了股市长期上涨的特点，就知道优势是什么了。请记住，我的目标是每个月都赚钱。我从一些文章中得知，自1789年开始，股市71%的年份都是上涨的。我发现这个上涨的特点不仅适用于年份，还适用于每月、每周甚至每天的价格波动。

最常见的指责是自从1982年以来我们遇到了有生以来的大牛市，但没有任何天才从中赚到了钱。我同意这个说法。但为什么有那么多人在这个大牛市中吃不到葡萄说葡萄酸呢？任何事业的成功都来自识别机会并抓住机会。那些能预见到大牛市并从大牛市中赚到钱的人也要被批评吗？尼古拉斯·达瓦斯能发财就是因为他在50年代末捕捉到了大牛市。还有很多市场奇才因为在70年代捕捉到了通货膨胀驱动的商品大牛市而致富。没错，在牛市中赚钱的不一定是天才，但是为什么有人在牛市中赚不到钱呢？这个话题不再谈了。

注 释

①乔纳森·克莱蒙兹，《华尔街日报》，1999年2月2日，C1版页。
②弗兰克·爱特曼，中美联社的文章，《路易斯维尔快递日报》，1998年7月14日。

# 空头很笨

有人对市场持续表示悲观时，我就跳出来表示反对，我由此而出名。很多自封的周期大师、波浪大师和价值大师从1995年开始就在不停地预言市场危险了，有些人更早就开始了。但是道琼斯创造了一个又一个新高，这些鼓吹灾难来临的人成了别人的笑料。

这些专家的不幸是因为自我，还是自大，或是无知？他们是不是太自我了，所以蒙住了自己的眼睛，导致年复一年地每个月都是错的？他们是不是太自大了，所以不愿意承认自己的方法有问题？或者是他们很无知，根本没看见这个持续已久的大牛市？

愚笨的空头们最让人讨厌的就是他们在讨论过去的熊市时忘了红利是可以再投资的。比如，我们都记得道琼斯在1954年才突破1929年的顶点。但是，如果你考虑到红利的收益，那么股票持有人的资产价值在1944年就相当于到达了1929年的顶点。空头还喜欢说1966年到1981年的市场是横盘的，他们再次忽略了红利的再投资收益，在这期间红利的平均年收益是4.1%。让人吃惊的是，从1802年到1992年，股票80%的总收益来自红利收入的再投资。

浮躁粗心的空头们总是使用历史数据来说明股市即将大跌了。他们在多年前就警告说现在的市场和60年代末导致了1973年和1974年大跌时的过度投机很相像。由于市场还在往上冲，他们的比喻失效了，这些末日论者又回到电脑面前精挑细选了一些图表来迷惑人们，说现在的疯狂和1929年崩盘前是相似的。市场的表现证明他们又错了，于是他们找出1979年的黄金市场和80年代的日本市场来比喻股市的泡沫就要破裂了。

空头很傻，对不对？历史并非是指向未来的交通地图，历史不会简单地重复的，中途会有很多变化和意外。即使空头们是对的，历史会重复，那他们为什么从不告诉我们崩盘是不会突然发生的。1929年9月的第一周股市见顶，然后慢慢下跌，直到10月底才崩盘。1987年的崩盘也一样，1987年8月股市见顶，然后慢慢下跌，直到10月19日才崩盘。像我这样的交易者肯定比长期持有的投资大众反应快，所以说股市的崩盘是不会在我毫无知觉的情况下发生的。

你看见了吧，我一听见别人长年累月地宣传恐怖气氛，我就很生气。为什么我烦他们？因为很多投资者和交易者就是被他们夸张的悲观气氛吓到了，不敢买入，结果导致错过了最好的上涨机会。这些大师让那么多的投资者迷失了方向，难道他们在晚上睡得着？记住：股市永远是对的，股市永远用最好的方式讲述自己的故事。

# 做空市场

前面谈了空头的话题，现在可以讲讲我的做空观点。我经常被批评，说我不知道做空，尤其是我的交易记录显示我的多头仓位经常是在顶部附近平掉的。言下之意是说我应该反转仓位，而不是兑现了多头仓位就不管了。有几个著名的空头说如果熊市来了，我肯定会迷失，因为我不知道做空。

我对做空是这样理解的：既然我每个月靠做多能赚钱，那么为何要去做空呢？我的交易记录（请看图1.1和表1.1）表明我在1998年7月到9月底赚了1.9万多美元，那都是靠做多赚的。当道琼斯和标准普尔下跌20%左右的时候，其他指数跌得更多。我熬过了1987年的崩盘，也熬过了1990年的熊市，我在1987年10月确实做空了。

如果市场像1973年到1974年那样暴跌，很多重要的指数会下跌50%以上，那么会如何？我说没事，来吧。我记得从60年代开始的所有熊市。交易者可能不知道熊市常常伴随着强劲的反弹。比如，人们常说的1973年到1974年的熊市中就有两次反弹，一次超过了10%，另一次超过了7%。有人认为这些反弹是倒霉者的反弹，我则认为是交易者的反弹。

做空的一个问题就是你的时机要接近于完美才行。当市场暴跌时，暴跌是很快很猛的，几乎没有什么预警。如果你在一开始没有进场的话，那么几乎就再也找不到好的进场点了。

当你做空的时候，你在赌股市200年来的上涨倾向，我可不想和这样的概率对赌。有一次，乔治·索罗斯告诉维克托·尼德霍夫，他做空股票亏的钱比任何投机行为亏的钱都多。尼德霍夫则说做空股票是走向贫穷的门票[1]。我想把做空的机会让给长期看空的空头们，似乎他们喜欢被失败虐待。

当然，有两三位空头人物还是值得尊敬的——比如对冲基金经理比尔·弗莱肯斯坦。1997年标准普尔涨了33%，弗莱肯斯坦的基金涨了58%。他的收益很惊人，那是因为他的投资组合里面包含了美国股票的空头仓位。当我做空的时候，我只局限于股指期货（第16章会详细讨论）。像瑞德克斯大熊基金这样的对冲基金，它们都是倾向于做空的基金。这种类型的基金会跟标准普尔或其他标准反着做。这些基金一般是只在收盘前才能买卖的基金。因为我知道熊市的反弹是如何杀人的，除非我有类似股指期货那样的当天退出的策略，否则我是永远不会做空股票的。

---

**注　释**

①尼德霍夫，《投机者养成教育》，第46页。

# 第07章

# 交易是一种职业

在谈论我的交易策略之前，让我们先谈谈交易的心理因素。我知道有些交易者很烦这个话题，但是心理因素最终决定了你的成败。我对交易心理的认识和传统交易书上讲的有点不同。

我离开销售行业的一个原因，是很多新手总是打电话问我同样的问题，这个问题让我醒悟了。他们总是问："加里，我想辞职，我想以交易为生。你有什么建议？"大部分交易者根本不明白交易也是一种职业，和其他任何一种职业都是一样的，你需要通过很多年的学习和实战才能掌握它。

每个人都在找捷径。他们以为只要购买了最新的最好的软件，参加了言过其实的交易研讨会，或被专家培训过了，就能做全职交易。医学专家和工程师最不应该这么想。根据我的经验，以医生和工程师为主的专业人士都说想放弃目前的职业生涯，并以交易为生，而这两个职业偏偏需要多年的学习和训练。他们凭什么认为自己可以轻松地转到交易行业并以交易为生？

交易和其他任何职业一样需要技术。以我为例，因为我不懂数学或分析技术，我是永远不会去做科学家、工程师或程序员的；因为我不懂机械，我也不会去做机械师；我不会画画，不会唱歌，不会玩乐器，所以我也不可能成为艺术家、摇滚歌星或乐队成员；我很会打球，但是随着年龄的增长，我发现自己进球、接球的能力都不如明星球队的人厉害。

詹姆斯·道顿、艾立克·琼斯和罗伯特·道顿写的《驾驭市场》是我见过的关于选择职业的最中肯的书。这本书说我们在很小的时候就在确认自己的技术并据此选择我们的职业。"虽然有很多方法可以实现这些技术（即选择一个职业），比如通过教育、培训、经历，但真实的种子早已生根发芽了。"[1]我非常同意。如果你看过杰克·施瓦格的《市场奇才》等书，你会发现几乎每个被采访的交易者在很早的时候就对交易产生了兴趣。

成功人士通常都是这样的：他们在很小的时候就知道要干什么，他们把所有的精力都放在目标上面。《投资者商业日报》上面有一个我很喜欢的专栏，叫"领导者和成功人士"，它每天会刊登一个成功人士的传记。这些成功人士在儿童时期或10多岁的时候就知道自己的目标是什么。

如果你很晚才知道自己对交易有兴趣，那么也不必气馁。我并不是说如果你在30多岁、40多岁或更晚的时候从事交易就不可能成功。我知道很多人在很晚的时候才知道交易这回事，但是他们也成功了，尼古拉斯·达瓦斯就是一个很好的例子。

# 为什么如此多的交易者会亏损

这么多年来，我遇到了几千个想以交易为生的交易者。通过和大众的接触，我明白了为何这么多人会亏损——因为他们不了解自己，也不了解市场，所以他们无法开发出一个有用的交易策略。

了解市场和了解我们自己之间有一个桥梁，这个桥梁就是价值昂贵的用真钱交易的经验。只有经验才能告诉我们之前我们吸收的知识的逻辑性，并判断我们在心理上是否适合做交易。一旦我们了解了市场的逻辑、我们心理上的优势和弱势，那么我们就可以建立一个长久的交易策略。

下面讲的关于交易者的故事能说明这点。我认识一个人，他的全职工作是程序员，工作之余他就研究市场，如此进行了8年。他阅读了每一本书，购买了所有的系统，参加了很多研讨会。为了做到这些，他花费了12.5万美元。因为几乎所有的书都说要开发一个适合自己性格的交易系统才好，所以他用大部分时间研究和测试他的

---

注 释

①詹姆斯·F.道顿、艾立克·T.琼斯和罗伯特·B.道顿，《驾驭市场》，芝加哥：普罗布斯出版公司，1993年，第313页。

方法，希望能把他的知识溶于他的交易方法。

研究了8年以后，这个寻找圣杯的人认为他最终找到了圣杯，所以他辞职了，开始以交易为生。他在半年内不但把他的交易资金和储蓄都亏光了，还把他预留的退休生活费也亏掉了。他根本没有想到交易心理会带来巨大的影响。书本无法教你如何处理风险、如何止损、如何让利润奔跑。这个故事并非是独立的个案。我遇到过几十个交易者，他们能轻松地掏出10万美元来学习专业知识，但是用真钱去实战时才能看出他们似乎没学到什么东西。

相反的情况就是我看见很多交易者年年在交易，但从不花时间去学习专业知识。我知道一个交易者，他交易了4年股指期货，但他根本不知道什么是期权的到期日，也不知道什么是三巫周（译者注：三巫周是指三巫日所在的那一周，所谓三巫日（Triple witching day），是指股价指数期货（stock index futures）、股价指数选择权（stock index options）以及股票选择权（stock options）三种季月合约同时到期。由于美国期指多为季月合约，所以每年会发生四次三巫日，分别为3月、6月、9月、12月的第三个星期五）。

成功的交易是一个累积的过程，需要你长期地认真努力，这样才能从新手变成专业人士。这个进化的过程需要好几年，不是几个月，根本没有捷径可走。之前提到的《驾驭市场》是最好的谈论这个话题的书，它讲透了交易的核心是什么。

有些人说他们学习了很多年，也交易了很多年，但仍然一无所获。这些人的问题是没有能力处理风险和不确定性。关于风险，一方面风险有存在的可能，另一方面，当风险来临时要管理好风险，你必须平衡好这两个方面。因为对于风险的态度都是在孩提时代形成的，所以我认为这是儿童时期的问题。这种态度决定着我们交易的成败。

很多交易者非常厌恶风险。因为厌恶风险，所以他们在应该扣扳机的时候犹豫了。厌恶风险的交易者可能只会在太阳、星星、月亮形成完美的直线时——也就是任何事都变得很完美时才会交易。一旦交易了，这些过度谨慎的交易者又会因为不耐烦出场了。没错，厌恶风险的交易者永远不会破产，但他们可能就像我过去19年一样——什么都没得到，不赚不亏。

有赌博思想的人也不能处理好风险。他们总是过度交易，或在不恰当的时机下重注。赌徒都知道有风险，但他们不会管理风险，从而毁了自己。请记住，喜欢交易的人和以交易为生的人之间的区别就是风险管理的手段不同。

所有的交易都会涉及风险、不确定性和意外事件。但是大部分交易者都不愿意接受这个事实，他们总是在寻找去除所有风险的方法。那些会造梦的商人只要宣扬市场有一定的秩序，宣称自己的交易方法能预测未来，就能轻松地控制住上述交易者。成功的交易者则不同，他们接受各种可能性、无序的市场、随机的市场、混沌的市场，他们开发出自己的策略来应对这些不确定性。

# 模拟交易和测试交易

我认为模拟交易和测试交易是没有任何价值的，这是我的观点，有些人可能不同意。对于新手，人们总是建议他们先模拟交易半年左右再用真钱交易，这样他们就能感受到市场的波动，以免把自己辛苦挣来的钱亏掉了。如果你真的想感受市场的波动，你必须用真钱去交易。只有用真钱去交易，你对市场的观点才会发生改变。只有用真钱去交易，你才能感受到模拟交易永远不能感受到的细微玄妙之处。

测试交易不比模拟交易好。如果是测试交易，你要像真的一样打电话给你的经纪人并下单。然而，测试交易和模拟交易一样，所有重要的心理因素都没有被考虑在内。我知道有些交易者，他们在做模拟交易或测试交易的时候非常厉害，他们有神奇的预测市场的能力，但只要用真钱去交易，他们的神奇能力就莫名奇妙地消失了。

《股票作手回忆录》能很好地说明为何模拟交易是没用的。杰西·利弗莫尔在书中讲到了一个人的故事，这个人第二天要去和别人决斗。他的朋友就问他是否善于决斗，他自吹自擂地说他可以在

20步以外打断高脚酒杯的高脚。但他的朋友却不以为然："如果这个酒杯拿着枪对准了你的心脏，你还能打断它的高脚吗？"①

# 交易比赛

我不喜欢交易比赛——模拟的不喜欢，真钱交易的也不喜欢。几年前我参加了一个模拟的交易比赛，当时有20多位交易大师参赛。虽然我每个月都在赚钱，但4个月后我还是落后了。我发现我不可能和他们竞争，因为是模拟的，他们在交易时就像没有明天一样。

因为是模拟交易比赛，不需要用真钱，所有重要的心理因素都被忽略了。我参与的这次比赛，只有极少数交易者坚持了优秀的资金管理，这就解释了为何75%的选手会亏钱——很多人把整个账户都亏光了。模拟测试交易常常诱惑你采用糟糕的交易习惯，当你用真钱交易时，这些坏习惯就会置你于死地。

用真钱的交易比赛也不比模拟的交易比赛好。拉塞尔·桑兹在1995年的《俱乐部3000》中写的一篇文章很有见地。桑兹说交易比赛根本不是为了展示交易技术或才能。因为交易比赛有开始时间和结束时间，你必须在一定的时间范围内用近似于可能破产的方法取得对手无法超越的收益。

桑兹继续说："对于想在市场中长期生存的人来说，这个方法算是谨慎的吗，这个方法合适吗？你真的愿意采用这个可能会破产的策略吗？如果一个顾问或基金经理采用的是这样的策略，你愿意把你辛苦赚来的钱交给他打理吗？"桑兹说确实有天才交易者能赢得交易比赛，"但并非每个赢得比赛的人都是天才或是谨慎的交易者"。②

# 心理交易大师

最近几年心理交易大师很流行。这些大师自己并没有实战成功

注 释

①李费佛的书，《股票作手回忆录》，第36页。
②拉塞尔·桑兹，《俱乐部3000》业务通讯邮件，1995年2月28日（1995年第4刊），第6页。邮政编码49019，密西根州卡拉马祖市，20005号邮箱。

的经验，但是他们大胆地宣扬自己有能力传授培训任何人成为成功的交易者。当然了，你必须支付几千美元才能听他们的心理课程。你最好还是听我的话，把钱好好存着。

我特别反感心理交易大师。我反感他们的原因就是他们不承认交易是一种职业，只有少数人会成功。如果他们承认了，他们如何合理地解释他们昂贵的培训费？我认识几个新手，他们跟这些知名的心理大师学习了，他们给我的反馈都是负面的。这些新手在学习了含糊其辞的空话后，他们在交易的时候继续亏钱，甚至亏得更快。

有一个交易者更是特别，他交了5000美元，被大师诊断为技术不过关。你会不会觉得这个诊断费好贵啊？这个心理大师就把这位交易者介绍给芝加哥的技术大师，技术大师又收了他3000美元的培训费。我感觉这简直就是两个贪婪的商人在下套。

心理大师一般会激励你，叫你要乐观，要有信心。我认为在交易的时候太有信心是最危险的心态。自信和过度自信之间的距离太小了，大部分交易者都是过度自信了。一个人如果自信且乐观，那说明他可能不够灵活。

每当我想起一本畅销书中给的建议，我就想笑。书的作者是一位心理大师，这位大师神气活现地说他总结了成功交易者的信念，所有的交易者必须遵守这些信念才会成功。以下是他说的信念：

- 金钱不重要。
- 在市场中亏钱是正常的。
- 在你开始拥有自信之前就要赢得这个游戏。

我的交易记录当然可以说明我是一位顶尖交易者，然而我的信念是这样的：

- 我交易的目的就是为了赚钱。
- 每次亏损，我都很难过，有时候我会连续几天到几周地失落。
- 我在每笔交易之前都是完全没有信心的，我知道这笔交易可能会亏损。

我从没听说过优秀的交易者是因为金钱不重要才去交易的。除非是积累了很多钱的优秀的交易者，他才会漫不经心地说出金钱不重要的观点。你最好相信，他们在一开始的时候100%是为了赚钱。我认为反复研究我的亏损是有好处的——心理交易大师则禁止这么做。反复研究错误才不会重复错误。只有在交易的时候完全没有信心，你才会知道这笔交易可能会失败，这样你就为最坏的结果做好了准备。因此，即使市场对我不利，我在心理上永远是高度警惕的。

如果我也报名参加了心理大师的课程，心理大师可能要把我诊断为不适合做交易的人，说我永远不会成功，除非我改变一些态度和信念。比如，虽然我这些年有了不少成就，但我在交易的时候总是认为自己会亏。虽然亏损的月份非常少，但这种想法对我心理上有打击，所以在局面不好的时候我就休战了，不再交易。

为什么我不能去拥抱我成功的交易？因为我不想过度自信，不想骄傲自大。如果哪一天我认为自己比张三强，或比李四强，也许我就要走下坡路了。我见过很多成功的交易者，他们以为自己英勇无敌，结果还是被别人给狙击了。

很多心理交易专家喜欢强调这些特点，比如坚持、决心、执著、承诺。我不相信你靠这些口号式的词汇能够实现成功交易。我见过很多交易者把自己的整个生活都献给了交易，但他们还是亏光了。然后他们又充满了决心和胆量，回到交易中继续亏钱，如此循环。

我已经讲了成功的交易需要什么：渊博的专业知识加上大量的实战经验，这样才会开发出适合自己性格的赚钱策略。但是如果有人逼我一定要用词汇来表示，我发现大部分赢家的两个特点是：激情和超级聚焦。激情和超级聚焦意味着交易就是你的一切，我知道很多交易者不愿意做出这样的牺牲。

# 成功交易的模型

我不是反对所有的心理交易大师。比如，我非常欣赏杰克·施瓦格在《新市场奇才》中和查尔斯·福克纳的访谈[1]。福克纳相信神

注 释

①施瓦格，《新市场奇才》，第414～438页。

经语言程序（NLP），NLP主要研究人类的优点。NLP研究的就是在某个领域的天才人物（比如交易界），目的是构造出相应的天赋才能。NLP认为有能力的专家可以把这些天赋才能的构造转移或传授给其他人，这样他们就有了同样的能力或天赋。

从理论上我能理解NLP的诱人之处。我坚信成功是有线索的，研究这些线索很重要。研究如何成功和实现成功之间是有很强的关联的。成功人士都是成功的学生，这就是我特别喜欢看成功交易者写的书的原因。但底线还是要有经验：搞明白什么是有用的，什么是没用的。

因此，我主张NLP研究交易的经验因素。我认为NLP可以帮助你了解很多必需的经验，这样你就等于走了捷径。根据我看见的、听见的、阅读过的体会，我建议你去购买瑞克·皮蒂诺的《成功是一种选择》一书，买这本书比把钱花在心理交易大师或搞NLP的人身上要好。

# 交易和大脑支配

我的生活很简单，我对神秘的人或事物也不着迷。所以当我谈论左脑或右脑交易的时候，我不是在讲心理学术语，也不是在讲神秘的东西。大脑支配是我们成为交易者的重要因素。

人类的大脑分为两个半球，左半球和右半球。我们总是受到其中一个半球的影响。左半球擅长分析，它不断地进行逻辑分析，它负责我们的言语。很多工作依靠左半球的技能，比如推理、分析和遵守原则。右半球的运作是非连续性的，它负责直觉、创造、艺术和感觉，它控制的是视觉上的认知。

大部分机械交易者是左脑支配的，他们的职业通常是工程师、医生、律师、科学家。这种类型的交易者喜欢黑白分明的环境，他们喜欢研究电脑中的数据。像我这样的右脑交易者基本上是主观交易者。这并非是说我们是直觉交易者或像掷硬币那样做交易决定，实际上，我们依靠的是多年积累的经验，这种交易经验无法用电脑衡量或计算。我们也依靠本能、想象、认知，特别是直觉进行交易。

　　大部分人都无法决定自己由左脑支配，还是由右脑支配，这是天生的。比如我，好像我的左脑在出生时就坏了，我现在52岁了，但我还是不会使用复印机，也不会使用银行的提款机。像用电脑下载东西这么简单的事我也不会，我只会开机和关机。这有点像跑步方面的精英，短跑高手是因为天生快肌好，而马拉松选手则是天生慢肌好。他们也没有办法改变自己天生的能力，天生的短跑高手永远不可能变成马拉松高手，马拉松高手也永远不可能变成短跑高手——无论他们怎么努力都不行。

　　机械交易者之所以采用机械交易就是因为机械交易去除了交易中的情绪，它把我们变成机器交易人并像奴隶一样地去执行电脑的买卖信号。这太糟糕了，我无法忍受让机器替我做交易决定。很多由左脑支配的人相信市场有一定的秩序和条理，他们使用机械交易工具和数学公式去衡量这个条理。我则更愿意相信市场是混沌的，是没有条理的，我根据这个非条理性去开发自己的交易策略。

　　我没有否定左脑交易者或机械交易的意思。我的重点是说交易者的风格受大脑支配的影响。我不是说我的右脑主观交易就比其他交易者的左脑机械交易好，实际上，左脑交易者更容易接受第12章谈论的交易模式，并让它们形成一个机械交易方法。

　　我总是在想，优秀的交易者应该就是那些把左脑分析功能和右脑创造功能融合在一起的人。当然了，要想自己开发机械交易系统，那还是需要创造力和想象力的。

　　我在1985年春天顿悟的时候读了一本书，这本书是最好的关于全脑交易的书，书名叫《道琼斯之道》，作者是本内特·古德斯皮德[1]。有时候我觉得我低估了这本书在我的交易最关键时刻所产生的影响。这本书让我看见了市场的流动和节奏，而不是死板的机械框架。作者总结说：用逻辑去理解市场行为，就类似于想通过桶装水了解流动的水。

注 释

　　①本内特·W.古德斯皮德，《道琼斯之道》，纽约：达顿出版公司，1983年。

# 第08章

# 知觉过滤器

我阅读过的最具有聪明才智的谈话是杰克·施瓦格在《新市场奇才》中和查尔斯·福克纳的访谈[①]。福克纳说成功的交易者都有一定的特点，其中一个特点就是所有的交易者都有一个知觉过滤器，他们知道如何经常使用这个知觉过滤器。

福克纳说知觉过滤器就是一种方法、方式、系统或对市场行为的理解。这些过滤器包括了经典的图表分析、艾略特波浪理论、江恩理论、市场概况、振荡指标或其他方法。把几种方法合在一起也算是一种知觉过滤器。对于成功的交易者来说，由于他们很了解并严格地使用这些方法，所以所有的方法都能成功。

然后施瓦格开始掂量他对知觉过滤器的认知程度。我建议所有的交易者都去看看这些评论。他说所有的技术方法都是根据价格来的，还说所有交易方法对价格的过滤相当于不同颜色的玻璃对价格的过滤。每个交易者的爱好不同，所以他们选择的方法不同。虽然施瓦格怀疑有些流行交易方法的实用性，但有些交易者因为具备了直觉经验，所以他们可以很好地使用这些方法。

我理解价格波动的知觉过滤器是各种情绪指标和技术指标，它们是我交易方法的核心。如果你查看了我的交易记录（请看表1.1和图1.1），你会发现从1997年5月开始我的利润是一直向上的，我在当时决定用一个透明眼镜过滤价格的波动，而不是戴着有色眼镜去过滤价格。我现在使用的情绪指标主要用来指导我在交易时是否要再积极点，而不是决定何时进行交易。

你在第12章能看见，我的实际交易涉及各种动量模式。这些模

注 释

①施瓦格，《新市场奇才》，第428~429页。

式能让我看见价格最纯粹的波动形式。然而，我也不想降低知觉过滤器的重要性。因为这些过滤器和我的成功是紧密相连的，本书对它们做一个全面的描述也是重要的。

本书使用的图表本来就不多，也没有列出我喜欢的指标，我是故意这么做的，我有几个理由这么做。正如我所说的，我从不看图表，价格图表不看，指标图表也不看。我看见的只是数字，而不是线条或图形。我的爱好和《股票作手回忆录》一样，我喜欢写纯文字。如此一来，读者要用心体会阅读到的内容——思想视觉化，我喜欢这么说（我每天在研究交易的时候都是这么做的）。

大部分交易书都喜欢给出大量的图表，上面还有很多漂亮的小指示箭头，以向你表明如何在最低点买入，在最高点卖出。但实战不会是这样的。我希望本书反映的是真实的以交易为生时遇到的状况。对我来说，图表是不真实的。

# 指标派人士

对于很多交易新手或没什么经验的交易者来说，他们很喜欢能指明市场未来方向的指标。他们先参考一连串的指标和图表，然后再交易。当他们做好决定时，市场的机会已经被错过了。分析太多的指标会导致交易瘫痪的状态。我认识一个交易者，他有24个指标，直到80%的指标给出了同样的买卖信号，他才开始交易。无需多说，他从没成功过。

交易是不确定性的游戏，但是大部分交易者都在心理上想把不确定性变成确定性。结果就是他们过分依靠各种指标，希望这些指标能探测到市场的变化。为了迎合这种需求，很多皮条客说他们可以去除这种不确定性，这就是为什么用神奇指标构造的圣杯系统很好卖的原因。

我对交易指标有一个很强烈的感觉，那就是这些指标不能当做精准的、绝对的、白纸黑字的交易信号来用。指标的最大作用是针对未来价格波动提供线索和暗示。因此，对指标的解读只是艺术，不是科学。交易者在很多时候变成了自己喜爱的指标的奴隶，失去了自我思考的能力。交易中重要的是市场在说什么，而不是指标在说什么。

指标最好是用在对价格波动的确认上。比如，如果市场正在向某个方向前进，我喜欢的某个指标说市场即将反转，那么我就先等市场反转，然后再建仓。指标最好用在市场的极限位置附近或振荡市场上。如果是在振荡的市场中，指标会向你发出警报，告诉你市场新趋势可能会向某个方向前进。本书后面有1998年到1999年初的很多实战交易，它们会强调这个观点的。

这里有一个例子，可以说明指标是如何迷惑你的，这也是一个糟糕的交易策略。1998年2月7日周六这天我收到了一封电子邮件，这是一封推销信，向我推销传真服务。那周的股市是上涨的，股市强势收盘——道琼斯涨了282点，也就是上涨了3.5%。道琼斯从1月12日以来涨了600多点，市场有很强的动量。市场在很强的动量下上涨，此时只有看多。我在2月7日全仓买入了。

我收到的这封推销信是看空的，他说他最喜欢的指标都是看空的。10日指标显示超买了，看跌／看涨比率在最低的水平，42天循环指标说顶部要到了。虽然市场在很强的上涨模式中，这个商人却因为他的指标是看空的就建议我做空标准普尔股指期货。这个家伙很明显不懂价格波动。无论你的指标在说什么，永远都不要在强势上涨的市场中做空，也不要在快速下跌的市场中做多。相反，要等价格去确认你的指标。

更糟糕的是，这个商人推荐做空不算，还叫我在上涨时加仓。他具体是这样说的：在1013点做空标准普尔，在1019点再做空1份合约，在1022点再做空1份合约，在1024点再做空1份合约。这种策略简直是金融自杀，永远不要在上涨时加仓做空。最好是在买入时逐级加仓，在卖出时逐级减仓。如果你在1013点做空了，那么你要在1013点以下再加仓做空。长话短说，标准普尔在1998年2月到3月都是飙涨的，这个商人推荐的空头仓位必须在几天内全部止损。我想说的重点是，市场总是走在指标的前面。指标只是给我们提出警报，告诉我们趋势可能要改变。这里要强调的就是"可能"二字。

我也不是专门找茬，说这个商人的坏话，希望他理解。他在期货界很出名，和那些天天看着自己的指标并预测世界末日的几个大坏熊相比，他算是好的了。在这些悲观的大坏熊中间有一个人是优秀的研究者，还有一个人是市场历史学家。这两个市场评论人和业务通讯邮件撰写者都有超过60年的市场经验。然而，在这么长的时间内，他们还是抓不住市场最简单的原则：无论你的指标是什么，永远不要和正在上涨或下跌的市场对赌。他们和大部分分析师一样，活着的时候抱着指标不放，死的时候也是如此。当道琼斯从3800点吼到11000点时，他们还是坚定看空。

我想强调一下，完全彻底地了解市场指标是没有意义的。除了上文说到的商人，我还知道很多市场邮件撰写者，我就不点名了，他们的指标知识深奥难懂，无与伦比，但是年复一年，这些大师们从来没对过。

在比较长的时期内指标通常会失去有效性，有时会长期失去有效性。股票的红利收入和长期政府债券的利息率都是指标走坏的经典案例。在1958年夏天以前，股票的红利收益率一直比政府债券的利息率大，每当它们之间的价差到了1%时，股市就要发生一次大的修正。杰里米·西格尔的《股市长线法宝》就讲了这个情况，指标提前预示了1891年、1907年和1929年的崩盘[①]。

1958年夏天，这个价差不但到了1%以内，且有史以来第一次出现反转。突然之间这个世界颠倒了，债券的利息率比股票的红利收益率还大。考虑到自从30年代开始失业率达到最高峰时的经济状况，不管你走到哪里，空头都在叫嚣即将到来的崩盘。过去一贯正确的指标也认为要崩盘。随后一年股市涨了30%，而这个过去一贯正确的指标却在随后的30多年一直发出卖出信号。

我们在指标垃圾场能够找到很多过去一贯正确的指标，因为后来犯错了，才被人们扔到指标垃圾场的。我还记得看过丹·沙利文的业务通讯邮件，他在1944年底谈到了美林证券对道琼斯公用事业指数的研究。这个研究表明在过去50多年中有6次道琼斯公用事业指数从最高点下跌了20%以上，每次下跌都见证了道琼斯的下跌超过了20%。他在撰写这个研究报告的时候，道琼斯公用事业指数已经从最高点下跌了29%。当时的道琼斯才从最高点跌了10%，这意味着道琼

注　释

①西格尔，《股市长线法宝》，第71~73页。

斯在短期内还要跌10%。结果呢？道琼斯不但没有跌，还在随后4年飙涨了180%。

如果你喜欢研究指标，那么你肯定想看罗伯特·科尔比和托马斯·迈尔斯写的《技术分析指标百科全书》[1]。这本书收集了最全的股市指标，对这些指标有详细的描述和测试。它一共列举了110多个指标，有些指标的测试数据可以追溯到60年前。我高度推荐这本书。不过1988年的版本有点过时了，因为指标像潮起潮落一样有好有坏。我听说这本好书的修改版本有望在1999年出版。

我订阅过《市场逻辑》和《投资者文摘》，这两个都是业务通讯邮件，我保留了它们的指标和研究报告[2]。这两个出版物的编辑都是诺曼·福斯贝克，我估计他是指标研究部门的主任。虽然我本人对指标表示怀疑，而且我认为过去并不是通向未来的交通地图，但我还是认为尽量多学点指标也是重要的。我想了解所有的基本面、技术面和心理因素，因为它们都对市场有影响。

如果你想了解指标、历史图表和其他东西，而且你能上网，我建议你去卡尔·斯文林的网站，他的网站是www.decisionpoint.com。这个网站收集的免费的技术分析资料比任何网站都多。

---

**注　释**

[1]罗伯特·W.科尔比和托马斯·A.迈尔斯，《技术分析指标百科全书》，纽约：欧文商业出版公司，1988年。

[2]《市场逻辑》和《投资者文摘》经济研究所的服务。邮政编码33442，佛罗里达州迪尔菲尔德海岸，第10大道西南2200号。

第09章

# 我喜欢的指标

我最想把亚历山大·艾尔德的《以交易为生》①推荐给新手和有经验的交易者。我和《以交易为生》中讲的一样，检查、测试、交易过几乎所有的传统指标。《以交易为生》唯一的缺点就是没怎么谈论心理指标。根据我的经验，交易者是否能够理解市场的情绪才是获胜的关键，所以我喜欢的指标都是以情绪为基础的。

我使用的情绪指标让我能够感受到市场的脉搏。不过我很害怕比率和百分比等表达方式。我和其他指标交易者不同，我的情绪指标并没有使用比率或百分比来产生买卖信号。相反，我只是查看它们的方向变化，以找到可能的上涨和下跌的线索。当我的情绪指标有不正常的行为时，我就特别关注。有人常常批评情绪指标，说它们不够精确，没有具体的买卖时间点，不算交易工具。我则认为它们比任何其他指标都要精确。因为市场是情绪推动的，短期内尤其如此，所以观察情绪指标非常重要。

我的情绪指标能够在不同的市场情况下指导我：

● 当以道琼斯和标准普尔测量到的价格上涨或下跌一段时间后，我的情绪指标到达极度乐观或悲观区域，然后市场价格向相反的方向走去，此时很关键。这通常表明中期价格方向的改变，因为大众在极度乐观或悲观时是错的。

● 当价格趋势突然走得很高或很低时，但我的情绪指标没有确认这点，那么这很关键。这表明大众还是迟疑的，价格还要继续沿着趋势的方向前进。

注 释

①亚历山大·艾尔德博士，《以交易为生》，纽约：Wiley 公司，1993年。

69

●当价格在振荡时，尤其是狂涨狂跌后的振荡时期，情绪指标对我也很有用。在振荡区间，我的情绪指标可以帮忙确定市场会向哪个方向突破。

我还发现情绪指标可以结合很多非情绪指标一起使用，也是很有用的。我喜欢的非情绪指标有迈克莱伦振荡指标、最高／最低逻辑指数和10日指标。

# 纽约证券交易所会员报告

纽约证券交易所的专业公司被称为你的经纪人的经纪人。在纽约证券交易所和美国证券交易所交易的每只股票都要通过特定的公司进行买卖。这些专业公司的功能就是维护市场的公平和秩序。如果供需不一致且市场不活跃，那么这些专业公司就用自己的账户来买卖。专业公司会记录来自大众的下单情况，这样他们就能深入地了解供需情况，而大众是不了解这些情况的。

我在交易生涯的早期就意识到这些专业公司才是成熟交易者。我在70年代初阅读了理查德·聂的两本书加强了这个意识。这两本书分别是《华尔街丛林》[1]和《华尔街派别》[2]。聂认为股市的趋势节奏是专业公司的价格目标决定的。根据聂的意思，通过认真研究分析特定图表模式就可以找到专业公司的价格目标。威廉·X.谢恩曼写的《为什么大部分投资者在大部分时间是错的》再次加强了我对专业公司能力的认知，这本书认为专业公司的买卖行为和其他投资大众的行为明显不同。

美国证券交易委员会公布的延迟两周的数据包含了每周专业公司的行为、大众的行为、纽约证券交易所会员的行为、场内交易者的行为。这些数据公布在《巴伦周刊》的"市场实验室"板块。表9.1显示了1998年12月28日《巴伦周刊》上的数据。这些数据包含了几个情绪指标：大众／专业公司做空比率、会员净仓位指数、总的

---

注 释

①理查德·聂，《华尔街丛林》，纽约：丛林出版公司，1970年。
②理查德·聂，《华尔街派别》，纽约：雅芳图书公司，1974年。

**表9.1 纽约证券交易所会员报告**

| （时间段） | 12月11日这周 | 前一周 | 一年前的本周 |
|---|---|---|---|
| **总成交量** | | | |
| 每周总和 | 3,549,319 | 3,715,599 | 2,854,079 |
| 每天均值 | 709,864 | 734,120 | 570,816 |
| **会员行为** | | | |
| 具体买入（数） | 470,453 | 508,283 | 367,411 |
| 具体卖出（数） | 465,190 | 505,317 | 356,936 |
| 场内交易者买入 | 1,807 | 1,366 | 1,144 |
| 场内交易者卖出 | 1,607 | 1,319 | 1,097 |
| 其他人买入（数） | 364,115 | 356,150 | 235,391 |
| 其他人卖出（数） | 351,119 | 366,160 | 208,367 |
| 总买入 | 836,376 | 865,799 | 603,946 |
| 总卖出 | 817,917 | 872,797 | 566,400 |
| 买入／卖出净差 | +18,459 | −6,998 | +37,546 |
| 占总成交量的百分比 | 23.30 | 23.40 | 20.50 |
| **做空** | | | |
| 总数 | 324,218 | 369,598 | 287,717 |
| 大众 | 142,983 | 168,317 | 131,167 |
| 会员 | 181,235 | 201,281 | 156,550 |
| 专业公司 | 145,987 | 165,661 | 111,179 |
| 场内交易者 | 551 | 426 | 59 |
| 其他会员 | 34,697 | 35,194 | 45,312 |
| 具体大众% | 1.0 | 1.0 | 0.8 |
| 会员／大众% | 1.3 | 1.2 | 1.2 |

**客户的零散行为**

| 纽约证券交易所 | 12月11日这周 | 前一周 | 一年前的本周 |
|---|---|---|---|
| 买入 | 15,475 | 15,787 | 10,392 |
| 买入美元单位 | 848,302 | 850,894 | 553,502 |
| 卖出 | 18,048 | 18,749 | 10,916 |
| 卖出美元单位 | 859,298 | 900,145 | 527,387 |
| 做空 | 665 | 1,144 | 560 |
| 做空美元单位 | 32,280 | 54,198 | 30,343 |

（来源：纽约证券交易所，纽约华尔街11号，电话212-656-3000。在《巴伦周刊》的授权下印刷，1998年版权，版权核准中心公司确认同意。）

空头仓位占总成交量的百分比。虽然数据延迟了两周，但不影响它的有效性，这样我对市场的波动就有了认识。

曾经有一段时间，纽约证券交易所的会员报告被认为是超级精准的工具，但是现在大部分分析人士都不用它了。自从80年代市场衍生品（期权和期货）大量问世以来，这些指标就开始变得没用了。衍生品市场的新策略太多了，比如你可以用做空来对冲风险。不管怎么样，我认为纽约证券交易所会员报告中的指标还是必不可少的，尤其是把像咨询建议情绪指标这样的情绪指标放在一起的时候更好。

# 大众／专业公司做空指标

我最喜欢的纽约证券交易所会员报告中的情绪指标是大众／专业公司做空数据。如果你喜欢用比率，就用大众做空数除以专业公司做空数，就得到了大众／专业公司做空比率。从表9.1可以看出1998年12月11日这周的做空比例是0.98（142983／145987）。在90年代中期以前，大众的做空数量一般比专业公司少。其中一个原因是专业公司为了迎合买卖单要做空。专业公司做空数量比大众多的另外一个重要原因，是做空被认为是专业的行为，是复杂的聪明的钱的行为。

从80年代中期到90年代中期，只要大众做空数量比专业公司做空数量多，我就积极做多。这种情况比较少见，但很赚钱，1985年只发生了一次。当时是11月初，然后道琼斯在随后的6周内涨了10%。我就是因为看见了大众／专业公司做空指标才参与了这次上涨。从那时开始，这个指标就成为我必不可少的参看指标。

两年后的1988年11月，大众的做空数量又开始比专业公司的做空数量多，当时我喜欢的另一个咨询建议情绪指标（稍后会讨论）在超级悲观的水平，所以我又积极做多，结果市场一直强势上涨到1989年第一个季度。这样的事我干了好多次，而且每次的收益都要比市场平均收益高。

1994年夏天从没发生过的事发生了，大众／专业公司做空指标的价值变得更加明显。从8月开始，纽约证券交易所的大众开始不停地做空，且数量比专业公司多。这个现象告诉我股市正在酝酿大事件。到了1994年底，不但大众／专业公司做空指标给出了主要买入信号，而且很多其他的情绪指标也给出了买入信号。我知道即将大涨了，我所要做的就是静等上涨的价格给出确认。

1995年1月已经有人开始买入了，然而大部分分析师和撰写业务通讯邮件的人在整个1月还是在看空。由于一开始的上涨和下跌相比不明显，新的最高点和新的最低点相比也不明显，空头认为这次上涨只是空头市场的反弹。我没有看见这些所谓的专家对大众／专业公司做空指标的多头信号有任何评论，更让我吃惊的是，随着价格的上涨，大众每周做空的数量都要比专业公司大。这表明多头还有很多路要走。

1995年到1997年6月之间，这种大众做空的现象几乎每周都可以看见。甚至有几周大众做空的数量创造了最大值——我以为我永远见不到这种现象呢。我再也找不到有这么好的在90年代末能预测到大牛市的指标了，但是随着价格的上涨，指标的准确性会降低。

大部分交易者和我不同，他们有一股研究所有指标的冲动。关于大众／专业公司做空的数据，我见过的最好的预测是诺曼·福斯贝克在《市场逻辑》中用的方法。具体的讨论在1992年7月17日的业务通讯邮件中[1]。大众／专业公司做空指标的预测价值不如以前的原因之一是大众现在的做空行为没有以前那么一致了。在40年代和50年代，大众做空的数量比专业公司做空的数量多75%，60、70年代这个数字是40%～50%。然而从80年代初开始，大众做空的数量常常比专业公司做空的数量多，只是这种现象长期存在。

为了弥补这种长期存在做空偏多的缺陷，福斯贝克创造了一个比率，它的可靠性像过去的指标一样好。他把大众／专业公司做空比率的10周均值除以261周（5年）均值。比如，1998年12月，10周均值是140%，216周均值是94%，因此10周均值除以261周均值是1.49。福斯贝克发现，如果比率在1.25～1.75之间时，那么标准普尔在随后3、6、12个月的业绩就比市场平均业绩高。如果比率大于

---

注释

[1]《市场逻辑》业务通讯邮件，1992年7月17日，第4～5页。

1.75，那么标准普尔在随后3、6、12个月的业绩就特别高。请注意，1992年以后我没有看见福斯贝克就这方面的研究做任何更新。

# 会员净仓位指数

除了做空行为之外，纽约证券交易所的会员报告还提供了交易所会员、专业公司和场内交易者的所有交易行为。买入／卖出的净值通常被称为会员净仓位指数。在表9.1中，对于1998年12月11日这周，净仓位指数是+18,459,000股。由于各种原因，再加上套利策略的影响，从这个指数过去的表现来看，它倾向于净卖出。

每当我看到每周的数值是正数，我就很舒服，因为我知道聪明的钱正在买入，上涨还会继续。目前我看见的关于这个指标的研究出现在乔夫·布罗迪的1996年1月《安泰斯周刊》[①]业务通讯邮件上面。布罗迪研究了从1986年12月开始的历时9年，即473周的数据，他发现当会员净仓位指数的4周均线是正数时，市场每年会增值20.6%。如果4周均值是负数，那么年收益只有5.2%，而同一时期买入并持有的年收益是10.3%。在473周的研究中，这个指标有36%的时间是正数。

诺曼·福斯贝克在《市场逻辑》[②]中讨论了为何会员净仓位指数很少给出买入信号，然而一旦出现了买入信号，那么这个信号是绝对正确的。如果净仓位指数一直是净买入，且数字很大，那么买入信号就确认了。这个指标在1995年9月15日到12月22日期间最后一次发出了买入信号。在这15周内，有14周都是疯狂地买入，这种现象自1974年以来还是第一次见到。自1995年上涨以来，很多指标和专家都在呼吁这次强势上涨要结束了，而市场却是净买入的。结果市场到1996年2月为止还是涨了接近10%，说明净仓位指数是对的，专家是错的。

---

**注 释**

①《安泰斯周刊》。邮政编码06103，康涅狄格州哈特福特市，州议会大厦广场10号。

②诺曼·G.福斯贝克，《市场逻辑》，芝加哥：迪尔伯恩金融出版公司，1995年，第72～74页。

# 会员报告中的其他指标

纽约证券交易所会员报告中还有两个情绪指标：做空总数／总成交量指标和零散的空头／专业公司做空指标。这两个指标的原理也是逆向投资法。当交易者和投资者过度悲观并极力做空时（超过了历史正常数据），上涨就快到了。当他们过度乐观并减少做空数量时（低于历史正常数据），下跌或振荡就快到了。

最近我把做空总数／总成交量这个指标放入了我的指标系统中。百分比就是做空总数除以总成交量得来的。比如图表9.1中的1998年12月11日这周，这个指标就是9.13%（324218／3549319）。诺曼·福斯贝克在《市场逻辑》中用了4页文字谈论这个指标①。他指出，由于做空数量每年都会增加，这个指标要往上调。比如在1941年，做空总数／总成交量的平均值是2.3%；到了1976年，平均值涨到了7.8%；到了1998、1999年，平均值分别是9%和10%。

我在寻找这样的时期，那就是做空总数／总成交量明显大于10%或明显小于9%的时期。比如1998年道琼斯从10月的最低点向上强势涨了1500点。做空总数／总成交量碰到了12.6%，这是过去10年来指标最悲观的数值。这表明目前不会再大跌了，结果是标准普尔继续上涨并在1998年12月和1999年1月创造了新高。

做空总数／总成交量这个指标的问题就是把聪明的专业公司和没那么聪明的大众交易者混在了一起，我认为这是大众做空总数／总成交量指标，不是总体的做空总数／总成交量指标，经过证明前者要可靠一点。

纽约证券交易所会员报告中的第二个指标是零散的空头／专业公司做空指标。我只见过威廉·X.谢恩曼写的《为什么大部分投资者在大部分时间是错的》谈过这个指标②。谢恩曼测试了几百个指标，他发现这个指标最可靠。零散的空头被认为是市场中最不成熟的投资者。老实说，因为大家都不太关注这个指标，所以我也不使

注 释

①福斯贝克，《市场逻辑》，第55～59页。
②谢恩曼，《为什么大部分投资者在大部分时间是错的》，第154页。

用这个指标。我是在再次阅读谢恩曼的书时才了解到这个指标的，我也想把这个指标加入我的情绪指标系统中。

# 看跌／看涨比率指标

大部分交易者认为随着期货和期权交易的活跃，纽约证券交易所的会员报告已经失去了它的预测价值，不过我不这么认为。很多交易者现在把芝加哥期权交易所的期权投机行为看做是大众／专业公司做空行为的替代行为。看涨期权赋予持有者在特定的时期范围内以特定的价格（这个价格叫行权价）买入一只股票。持有者是看涨的，他们希望价格上涨。看跌期权的持有者是空头，看跌期权让他可以在特定的时期范围内以特定的价格卖出一只股票。买入看跌期权的人依靠下跌的股票价格赚钱。看跌／看涨比率（看跌期权的数量除以看涨期权的数量）可以用来衡量情绪的极端情况。这个指标是反向指标，看跌期权的数量相对于看涨期权数量越高的话，那么意味着股市越有可能是在底部附近。

在芝加哥期权交易所，期权的标的是证券和指数，比如标准普尔100、标准普尔500和道琼斯。标准普尔100经常被称为OEX，在指数期权中，它是成交量的领导者。你可以打电话888-586-5286了解每隔半个小时的芝加哥期权交易所看跌／看涨期权的成交量。看跌期权总数和看涨期权总数的比率通常被称为芝加哥期权交易所看跌／看涨比率，这个比率包含了所有证券期权和指数期权的总成交量。一旦有了这个比率，芝加哥期权交易所还可以把它细分为证券期权成交量和指数期权成交量，比如标准普尔100和标准普尔500。

投机期权的交易者被认为是最不成熟的。其中一个原因是在投机股票、期货、共同基金、期权的交易者中，一般期权交易者的资金是最少的。正如理查德·班德在《反向投资》中描述的："玩期权的人从本性上来说是赌徒和做梦的人，他们想把几千美元变成财富。作为一个群体，他们是笨蛋中的笨蛋。"[1]

---

**注　释**

[1]查德·E.班德，《反向投资》，纽约：麦格劳黑尔出版公司，1985年，第74页。

看跌／看涨比率有多种衡量情绪的方法。最常用的方法就是看跌／看涨比率大于0.80就是看涨的，小于0.40就是看跌的。另外还有一种说法，在证券牛市中，如果4天的数值大于0.50，那么市场通常会上涨5%以上。

我喜欢的看跌／看涨比率统计模型是：

- 每天看跌期权成交量是10日均值的2倍
- 单日标准普尔100的看跌／看涨比率大于1.60
- 连续每天芝加哥期权交易所的看跌／看涨比率等于1.00或大于1.00
- 证券的看跌／看涨比率大于0.75

# 看跌期权成交量是10日均值的2倍

1993年3月，约翰·布林格为《股票和商品技术分析》写了一篇文章[1]，讨论了看跌期权成交量是10日均值的2倍这个指标的重要性。布林格展示了这个指标的10年图，结果很不错。它不但能在重要的底部发出买入信号，而且它不是在最后的价格最低点发出买入信号，而是在动量最低点发出买入信号。这样交易者就可以轻松地在价格快到底时回补空头仓位，并建仓多头仓位，不紧不慢地等待价格的上涨。最近几年，布林格的看跌期权成交量是10日均值的2倍这个指标是很准的。

# 单日标准普尔100的看跌／看涨比率大于1.60

这个指标是伯尼·斯晨弗想到的，他是《期权咨询》的作者[2]，也是《期权咨询》业务通讯邮件的编辑。看跌／看涨比率大于1.60表明超级悲观，市场即将上涨[3]。看跌／看涨指标在市场上涨收盘的

---

**注 释**

①约翰·布林格，"看跌期权成交量指标"，《股票和商品技术分析》，1993年3月，第42～45页。
②伯尼·斯晨弗，《期权咨询》，纽约：Wiley公司，1997年。
③《斯晨弗的研究观点》，1998年3月19日。邮政编码45240，俄亥俄州辛辛那提市，100号公寓，肯伯牧场大道1259号。

表9.2　标准普尔100看跌／看涨比率

| 天数 | 上涨日 | 下跌日 | 任意时间 |
|---|---|---|---|
| 1 | 0.31% | 0.26% | 0.06% |
| 2 | 0.59 | 0.43 | 0.11 |
| 3 | 0.91 | 0.31 | 0.17 |
| 4 | 1.15 | 0.32 | 0.22 |
| 5 | 1.26 | 0.38 | 0.28 |
| 10 | 1.39 | 1.15 | 0.56 |
| 15 | 2.10 | 1.60 | 0.84 |
| 20 | 3.06 | 2.00 | 1.12 |
| 25 | 3.19 | 2.40 | 1.40 |

（来源：《斯晨弗的研究观点》，在授权下印刷。）

日子比较有效。

表9.2显示了标准普尔100是如何根据单日看跌／看涨指标是否大于1.60来表现的。不但标准普尔100指数可以作为标准尺度，我发现标准普尔500或道琼斯也有相似的结果。"上涨日"这栏指的是标准普尔100上涨收盘的日子，而且这天看跌／看涨比率是1.60或大于1.60。"下跌日"指的是标准普尔100下跌收盘的日子，而且这天看跌／看涨比率是1.60或大于1.60。"任意时间"指在测试期间平均每天的业绩。

本例中，如果看跌／看涨比率是1.60或大于1.60，且发生在标准普尔100指数上涨收盘的日子，那么可以期待指数在未来5个交易日涨1.26%。25个交易日之后，可以期待市场上涨了3.19%。这相当于在5天内能平均上涨0.28%，在25天内能平均上涨1.40%。

# 连续每天芝加哥期权交易所的看跌／看涨比率等于1.00或大于1.00

第三个有效的衡量工具就是看看跌／看涨比率连续多天等于

1.00或大于1.00。这个指标也是伯尼·斯晨弗发现的。最近的关于这个指标的研究文章出现在1995年4月刊的《投资者文摘》[1]。从1990年1月到1995年3月8日，有18次连续每天的看跌／看涨比率等于1.00或大于1.00。有12次一个月后市场上涨了，有14次三个月后市场上涨了。

# 芝加哥期权交易所证券的看跌／看涨比率是0.75或大于0.75

第四个指标只使用证券的看跌／看涨比率。1998年2月4日www.quicken.com网站标准普尔的"学习曲线"栏目讨论了这个指标[2]。在整个历史期间（从1985年10月1日开始）只有11次每天证券的看跌／看涨比率是0.75或大于0.75。对于长线交易者或投资者来说，这个指标的信号强而有力。如果把30天内的重复信号过滤出去，那么主要信号只有5个。表9.3显示了在出现这些信号之后的一年标准普尔和纳斯达克的收益。

这些收益，尤其是纳斯达克的收益是惊人的，它给长线投资者提供了绝好的进场点。有趣的是，当这篇文章出现在www.quicken.com网站之后，1997年12月19日出现了第6个信号。这个信号给标准普尔带来了25.48%的年收益，给纳斯达克带来了36.82%的年收益——再次证明是不错的收益，纳斯达克的更多。

过去这个指标对短线交易者有用，这是因为一旦出现了信号，标准普尔离最终的（收盘为准）最低点差价在2%以内，纳斯达克离最终的最低点差价在4%以内。1998年8月21日证券看跌／看涨比率大于1.00，这是10多年来数值最大的一天，然而标准普尔跌了12.7%，纳斯达克跌了21%，一直跌到10月8日的收盘最低点，从而证明这个指标失效了。

正如我前面说的，我不喜欢白纸黑字式的交易原则。我发现之前谈到的所有的看跌／看涨比率指标都是比较恰当的，但我不会只

注 释

[1]《投资者文摘》，1995年4月刊第11页。邮政编码33442，佛罗里达州迪尔菲尔德海岸，第10大道西南2200号。
[2] 标准普尔投资咨询服务公司，邮政编码10014，纽约，哈迪森街345号第5楼。

**表9.3　芝加哥期权交易所证券看跌／看涨比率**

| 信号日期 | 标准普尔一年后 | 纳斯达克一年后 |
|---|---|---|
| 1987年12月03日 | +20.29% | +23.23% |
| 1990年10月10日 | +26.34% | +54.90% |
| 1991年01月08日 | +33.17% | +65.08% |
| 1994年10月05日 | +28.27% | +37.69% |
| 1996年07月15日 | +45.09% | +40.63% |

依靠看跌／看涨比率指标做交易。我是把所有的情绪指标放在一起使用的，这样如果市场有什么细微的变化，我也能感觉到。对于看跌／看涨比率指标，我最感兴趣的是价格强势上涨的时候看跌期权的数量很多，或是价格快速下跌时看涨期权的数量很多——换句话说，它们之间有背离。

1995年初有一个很好的例子。此时价格快速上涨，同时看跌期权的买入量很大。出现这个背离的原因是大众不相信还会涨，所以大众买入看跌期权以期望反转。大众的这个行为告诉我价格会涨得更高。另一方面，我不想在价格下跌的时候看见很大的看涨期权的买入量，这意味着大众很得意，他们买入看涨期权以期待价格上涨。

股票的看跌／看涨比率数值一般很少大于0.75，所以我不太关注这个指标，我也不太关注看跌／看涨比率指标。我比较感兴趣的是像标准普尔100和标准普尔500这样的指数的比率。我每天都要打电话去问几次免费的会员报告信息，这样就可以知道这些指数比率会不会有问题，对于我这样的短线交易者来说，这个免费信息是最好的了。实际上，我在80年代末做股指期货日内交易的时候，我一直在使用标准普尔100看跌／看涨比率。由于多种原因，从1989年11月开始，使用这个指标做日内交易的有效性慢慢降低了。

# 市场上没有专家

在谈论咨询建议情绪指标之前，我想解释一下为何我不喜欢所谓的专家。70年代我在一家经纪公司做经纪人，并利用一切自由时间交易期货，当时发生了一件事。有一个账户是一个很出名的技术分析师，这个人在国际上都很出名，他还写了一本令人尊敬的关于期货交易系统的书。让我和我的公司都感到吃惊的是，这个所谓的大师在几周内把自己的账户从2万美元做到了3000美元。这真的让我质疑交易界是不是真的有专家。

很多年后的80年代，我认识了一个人，这个人在芝加哥的各种经纪公司干了很多年。很多著名的专门销售交易书、业务通讯邮件和交易系统的交易者都在他服务过的公司交易过。这位朋友告诉我很多故事，说这些著名的传奇人物用真钱交易时都失败了。他还清楚地记得一个人在《期货》杂志上刊登整版广告，销售他的交易系统，单价是4000美元，与此同时，那个人用他自己重点宣传的交易系统快速地把自己的真实账户搞到了0。

# 连环漫画能预测股市

我在70年代阅读了很多关于股票的书，这些书告诉我专家都是不靠谱的。印象最深的书是约翰·施普林格的《如果他们如此聪明，为何你没有致富》[1]和墨瑞·泰·布鲁姆的《从流氓到富人》。施普林格的书重点研究了投资咨询行业的表现。布鲁姆的书则详细解释一只股票是如何被买卖、被推高、被宣传、被炒作、被用来欺骗别人的。读完了这些书，你就明白了为何我不相信华尔街有专家。

施普林格和布鲁姆都谈到了一个人，这个人叫弗雷德里克·N.高德史密斯。高德史密斯是投资咨询顾问，他在1916年到1948年还发行业务通讯邮件，他自己是业务通讯邮件撰写者。高德史密斯的故事真是亮点啊。1947年秋天，由于高德史密斯在他的业务通讯邮件中暗示他推荐的股票来自"内部消息"，纽约检察长开始调查他。在调查过程中高德史密斯说他的一个朋友在通灵活动中曾经有

注 释

①约翰·L.施普林格，《如果他们如此聪明，为何你没有致富》，芝加哥：亨利兰格里出版公司，1971年。

过心灵感应，所以高德史密斯就开始利用朋友的通灵能力撰写业务通讯邮件。在通灵过程中，有一个来自过去的华尔街交易者揭示了炒股成功的密码。高德史密斯认真地研究了这些信息，发现这些信息完全正确，所以他根据这些信息推荐股票。高德史密斯的很多信息还来自连环漫画《教教爸爸》。漫画的主角叫吉格，他的老婆叫美琪。高德史密斯说这本连环漫画里面包含了股市密码，只要破解了这个密码，那么他的预测90%～95%都是准确的。比如说，如果吉格把右手放入口袋，那么就是买入信号。如果吉格的雪茄冒出了两个烟圈，那么股市在一小时内要涨。有一次漫画中显示吉格和美琪在电影院，吉格说中场休息才是这部电影最好的片段，高德史密斯认为这句话是买入密声石油股票的信号。

高德史密斯的业务通讯邮件受到了知名经纪公司的表扬，华尔街大型的经纪公司把它当做圣经。有一位受人尊敬的分析师曾经为《巴伦周刊》写过文章，他是《福布斯》杂志的专栏作家，他也使用高德史密斯的业务通讯邮件。其他订阅者则证明高德史密斯的建议帮他们赚了很多钱，他的业务通讯邮件是最好的。

无论如何，纽约最高法院还是责令高德史密斯停业了。法院认为用户被误导了，他们以为高德史密斯有超强的股市知识——不管高德史密斯的信息是什么，他的信息必须来自真人，而不是漫画角色。这本连环漫画的作者情况如何呢？当有人问作者时，作者说如果他真的懂股市，他肯定不会靠画漫画赚钱过日子的。

# 咨询建议情绪指标

美国有几家投资者调查服务公司，它们的主要目的是衡量情绪，看看市场是超级乐观，还是超级悲观。被调查的投资者种类很多，有业务通讯邮件撰写者，有经纪人，有顾问，有投资大众。这些情绪调查背后的理论是，如果大家的观点一面倒，那么市场中就没有新的买家和卖家了，反转即将到来。最出名的4家调查服务公司出版的期刊分别是《投资者商情》、《市场风向标》、《观点一致》和《AAII》（美国个人投资者联合会）。《巴伦周刊》的"市场实验室"板块会每周公布这些调查结果。表9.4是1998年11月23日的《巴

**表9.4 投资者情绪指数**

在《投资者商情》的调查中，修正数据是指建议人基本上是看涨的，但他认为在短期内市场会调整。《观点一致》和《市场风向标》的调查中比较大的数值通常指市场的最高点、最低点和底部。

| | 上周 | 两周前 | 三周前 |
|---|---|---|---|
| **《投资者商情》** | | | |
| 多头 | 57.0% | 53.1% | 47.8% |
| 空头 | 31.6 | 35.4 | 38.3 |
| 修正 | 11.4 | 11.5 | 13.9 |

来源：邮政编码10801，纽约州新罗切尔市，教堂街30号投资者商情公司。电话：914–632–0422。

| | 上周 | 两周前 | 三周前 |
|---|---|---|---|
| **《观点一致》指数** | | | |
| 看涨观点 | 42% | 63% | 37% |

来源：邮政编码64108，密苏里州堪萨斯市，麦奇街1735号观点一致公司。电话：816–471–3862。

| | 上周 | 两周前 | 三周前 |
|---|---|---|---|
| **《AAII》指数** | | | |
| 看涨 | 40% | 50% | 38% |
| 看跌 | 18 | 14 | 20 |
| 中性 | 42 | 36 | 42 |

来源：邮政编码60611，伊利诺斯州，芝加哥市，密歇根北路625号美国个人投资者联合会。电话：312–280–0170。根据51%的回复率统计。

| | 上周 | 两周前 | 三周前 |
|---|---|---|---|
| **《市场风向标》** | | | |
| 一致看涨 | 66% | 60% | 59% |

来源：邮政编码60611，伊利诺斯州，芝加哥市，密歇根北路625号美国个人投资者联合会。电话：312–280–0170。是根据51%的回复率统计的。

（在《巴伦周刊》的授权下印刷。1998年版权所有。美国版权核准中心公司授权。）

伦周刊》文章，你可以看看这些情绪调查结果是如何组成的。

如果你把咨询建议情绪指标当做你唯一的情绪指标的话，那么你遇到的一个问题就是需要很长时间才知道何时是超级乐观，何时是超级悲观。自从1995年市场持续上涨以后，这个变化就比较明显。比如，就像亚历山大·艾尔德在《以交易为生》[1]中说的，如果市场邮件撰写者的空头比例上升到55%（通过《投资者商情》可以查到），那么市场就在重要的底部附近了；如果空头的比例低于15%，且多头的比例上升到65%以上，那么股市就在重要的顶部附近。

这些百分比虽然一时有用，但很容易过时。比如，15%的空头和65%的多头原则本来是用来指示顶部的，这种情况最后一次出现在1986年3月和4月之间的几周，但那时市场没有到达顶部。虽然55%的空头表明是底部，但自从1994年以来这个现象没发生过。从那时开始，空头数字从未超过50%，比55%低多了。直到1998年8月到9月标准普尔下跌了20%为止，《投资者商情》上面能找到的空头的最大数字也只是47.5%。

《市场风向标》中的数据似乎也有同样的现象。我记得，无论何时，只要股指期货的看涨一致数字到达了60%，顶部在几天内就会形成。然而在90年代末，很少看见几周的数值在60%以上，更不会到70%，而市场却在稳步上涨。

# 《投资者商情》

《投资者商情》是最悠久的情绪调查服务公司。《投资者商情》每周把130多家投资咨询服务公司的观点分成多头百分比、空头百分比，还有些人是多头，但认为市场会有一个修正。你可以在每个周三东部时间的11：00打付费电话得到这个调查结果[2]。美国全国广播公司财经频道也会公布这个结果，通常是在周三上午11：00到12：00的节目中播出。

---

注　释

①艾尔德，《以交易为生》，第211页。
②《投资者商情》公司，电话：900-990-0909，分机：31。

我从1985年开始跟踪《投资者商情》的调查结果。它在1985年到1987年捕捉顶部和底部的准确性值得怀疑。但从1987年中开始就不同了。几乎每次市场的顶部和底部跟调查结果的超级乐观和超级悲观都对上了。非常感谢《投资者商情》，让我完全躲过了1987年的崩盘屠杀。

在解读《投资者商情》的调查结果时并没有精准的原则。从1995年开始，我把连续两三周多头数值定义在50%~55%，空头数值定义在25%~30%，我把它们作为预警。当空头数值小于25%，多头数值大于50%时，一般都会导致市场下跌。

如果多头数值减去空头数值的结果大于30%，这也值得关注。这个净多头指标是布林格资金管理公司的约翰·布林格[1]开发的。它在1998年7月市场的顶部发出了及时的卖出信号。

不但情绪指标的极限位置有意义，快速上涨或下跌的价格没有达到极限位置也是有意义的。这种典型的案例发生在1995年。1月股票开始上涨，一直涨到8月中旬。在头几个月的猛涨中，咨询服务公司却几乎没有给出看多的观点。在这种情况下，你可以期待市场继续上涨。

作为短线交易者，我基本上只关心《投资者商情》调查结果每周的变化。有些分析师喜欢用均值来平滑每周的变化。《赢在华尔街》[2]的作者马蒂·兹威格和《市场逻辑》业务通讯邮件的编辑诺曼·福斯贝克建议用多头除以多头加上空头的和，再算出这个结果的13周均值并画出线来。福斯贝克认为如果数值大于75%就是很乐观，那么很可能就是市场的顶部；如果数值小于40%就是很悲观，那么很可能就是市场的底部。然而，这么计算出来的结果和实际对不上，我建议计算4~6周的均值比较好。

我认为杰里米·西格尔在《股市长线法宝》[3]中对《投资者商情》调查结果的分析是最好的。西格尔把多头数值除以空头数值的

注 释

①约翰·布林格，布林格资金管理公司的总裁，邮政编码90266，加州，曼哈顿海岸，3358邮箱。

②马蒂·E. 兹威格，《赢在华尔街》（国内翻译成《曲线的秘密》），纽约：华纳图书公司，1997年，第135页。

③西格尔，《股市长线法宝》，第87~89页。

结果拿来和股票在随后3、6、9、12个月的收益对比。他发现这个情绪指数有很强的预测性，尤其是针对3、9、12个月这三个不同时期的效果更好。

# 《观点一致》和《市场风向标》

和《投资者商情》相比，《观点一致》和《市场风向标》的调查结果更适合像我这样的短线交易者。这两家服务公司的数据结果主要是针对股指期货的。这两家服务公司的数值比《投资者商情》的数值在看涨和看跌之间的变化要快。

重点做股指期货咨询服务的顾问采用的时间框架要比重点做股票咨询服务的顾问采用的时间框架小很多。大部分情况下，《投资者商情》、《观点一致》、《市场风向标》的看涨看跌方向是一致的。如果这三者之间的看涨看跌数字有背离，我就采用《观点一致》和《市场风向标》的数据，因为根据我的经验，它们在短期内比较可靠。

1998年11月中旬到12月这几个服务公司的数据也出现了背离，《投资者商情》的多头数据已经到了多年来的最高点，并连续几周停留在那里，然而标准普尔和纳斯达克100还在继续创造新高。那些因为看到了《投资者商情》的超级大的数值的人可能就错过了后买的大行情。但《观点一致》和《市场风向标》的数值却在预测价格还要创造新高，比较准确。

你可以在周二上午打付费电话得到《观点一致》的数据[1]。这些年来《观点一致》的数据都是很准的，如果数值大于80%就反映了很乐观，那么就是看跌的；如果数值小于25%就反映了很悲观，那么就是看涨的。

你可以在太平洋时间下午5:00以后打付费电话得到《市场风向标》每天的数据[2]。在过去几年，如果数值大于70%，那么就是太乐观；如果数值小于35%，那么就是太悲观。

---

注 释

[1] 《观点一致》公司电话：900-872-9955。
[2] 《市场风向标》公司电话：900-990-4266，分机：10。

# aaii投资者情绪调查

美国个人投资者联合会[①]是一个非盈利组织，它的目的是帮助教育个人投资者。他们每月会出版《AAII》。你可以在周五上午到www.aaii.com看到他们对会员的调查结果。我从《AAII》的调查结果里面找不到有用或可以交易的模式。每周看涨和看跌的数值跳动得太频繁了。如果说我发现了什么，那就是《AAII》所代表的大众比专业顾问和业务通讯邮件撰写者要有先见之明。

伯尼·斯晨弗在《期权咨询》中建议把《投资者商情》、《观点一致》和《AAII》的数据合成一个综合指数，以在任意时间了解市场的看涨情绪。他在书中举的例子是这个综合指数的5周均值，如果数值大于50%，那么就是超级乐观；如果数值小于25%，那么就是超级悲观。[②]这个思路很不错，但我还是喜欢用《市场风向标》代替《AAII》。不过我还要研究一下，看看到底用多少百分比才能表示超级乐观和超级悲观。

网上还有两个情绪调查指标，我偶尔也会去看看。第一个指标可以在www.techstocks.com / survey.html看到，这个指标是硅谷投资者网站为技术股做的调查。另一个指标可以在www.lowrisk.com / sentiment.htm看到，这是一个很好的反向情绪指标。lowrisk.com网站每周有一个"竞猜道琼斯点位"的比赛，他们通过这个也可以衡量投资者的情绪。1999年lowrisk.com的情绪指数比其他出名的情绪指标服务公司的指标还要准确（指反向指标）。

# 瑞德克斯资金水平

还有一个情绪指标可能你很少听到。普通交易者和时机交易者很喜欢瑞德克斯基金。瑞德克斯公司每天收盘后会公布各种瑞德克斯基金的资金情况。[③]因为瑞德克斯在开户的时候要求的保证

①美国个人投资者联合会，邮政编码60611，伊利诺州，芝加哥市，密歇根北路625号。
②斯晨弗，《期权咨询》，第42～43页。
③瑞德克斯基金，电话：800-717-7776。

金比率比其他的公司高，所以它吸引了一些专业的交易者和时机交易者。然而，这些人的能力并不比普通大众投资者高，这些专业的交易者和时机交易者在市场顶部时过度乐观，在市场底部时过度悲观。所以，只要研究好了瑞德克斯基金的资金水平，就能知道市场何时反转。

瑞德克斯新星基金持有150%的标准普尔，也就是说，如果标准普尔涨1%，那么瑞德克斯新星基金当天就应该涨1.5%。因为股指期货的收益是标准普尔的1.5倍，所以这个基金也叫杠杆基金。请注意，这个方法并不是那么准确的。比如在1997年，标准普尔涨了23%，是不是瑞德克斯新星基金就涨了1.5倍呢？它应该涨到34.5%，但实际上在1997年它只涨了25.5%。

瑞德克斯大熊基金是反向基金，它的目的是和标准普尔反着做。所以如果某天标准普尔跌了2%，那么大熊基金应该会上涨。瑞德克斯OTC基金跟踪纳斯达克100，它基本上是一个投资于技术板块的基金，戴尔、英特尔、微软、思科和全球通讯等公司股价的变化都会影响这个基金。瑞德克斯北极基金是一个反向基金，它和纳斯达克100指数反着做。

过去两年我每晚都记录瑞德克斯基金的资金水平，主要目的是为了找出资金水平和价格点位的关系，并看看资金水平在何处时市场是超级乐观的和超级悲观的。目前我还在研究中，还没有找到瑞德克斯资金水平作为反向情绪指标的铁定原则。不过，我曾经用这个指标交易过几次，结果都是赚钱的。1998年10月14日就是一个例子。

10月14日我在网上论坛帖了以下内容："瑞德克斯比率预测市场要涨。"然后我说今天就应该上涨。结果当天道琼斯的收盘价涨了30点，整个市场都很强，标准普尔涨了11点，纳斯达克100涨了30多点。

表9.5显示了我在10月14日看见的瑞德克斯的资金水平。标准普尔在10月8日的收盘价是当年的最低价，然后在10月13日收盘时涨了35点。然而新星基金的资金水平几乎没有变化。通常情况下，如果

**表9.5　瑞德克斯资金**

| 1998 | 新星 | 大熊 | OTC | 货币市场 | 标准普尔 |
|---|---|---|---|---|---|
| 10月05日 | 509.2 | 992.2 | 380.9 | 944.1 | 988.56 |
| 10月06日 | 488.7 | 980.3 | 358.0 | 954.8 | 984.59 |
| 10月07日 | 462.4 | 1044.8 | 337.6 | 972.1 | 970.68 |
| 10月08日 | 371.7 | 1022.8 | 309.9 | 1089.5 | 959.44 |
| 10月09日 | 407.9 | 1005.7 | 388.8 | 886.7 | 984.39 |
| 10月12日 | 445.4 | 956.4 | 438.5 | 892.9 | 997.71 |
| 10月13日 | 399.9 | 1017.1 | 377.4 | 976.0 | 994.80 |
| 10月14日 | 492.4 | 958.6 | 425.9 | 789.6 | 1005.53 |
| 10月15日 | 545.1 | 845.9 | 510.1 | 807.0 | 1047.49 |
| 10月16日 | 504.0 | 855.8 | 500.2 | 916.3 | 1056.42 |

市场有这么大的上涨，那么新星基金的资金会有决定性的增加，同时大熊基金的资金会减少。但在10月8日到10月13日期间并没有发生这个现象，我认为这是因为没有人相信这次的上涨。所以我理解为这次上涨还要继续下去。

我在10月8日V形底反转的最后一天进场了，所以到了10月14日时我已经持有了基金（第12章还有更多的相关内容）。因为瑞德克斯资金水平指标，我在10月14日收盘前又加仓了基金。当然了，我也没指望第二天会大涨，结果第二天美联储宣布降低利率导致道琼斯涨了330点。

我在10月19日又利用瑞德克斯资金水平指标加仓了，还是赚钱的。道琼斯和标准普尔在10月15日涨了，但我吃惊地发现在10月16日这天新星基金的资金减少了，大熊基金的资金增加了。我意识到，虽然标准普尔上涨了，但瑞德克斯基金的表现说明交易者并没有认真对待这次上涨。结果市场继续上涨，并一直涨到1999年1月。

一位分析师告诉我，瑞德克斯资金数据里面有关于市场时机的宝石。由于大部分交易者总是依靠比率和公式，他们想找到这个宝石是困难的。如果你喜欢用比率（当然了，我不是），我的建议是，如果大熊基金的资金是新星基金的3倍以上，就去寻找市场的主要底部。寻找顶部也是同理。如果新星基金是大熊基金的3倍，那就有麻烦了。然而货币市场基金的资金因素很复杂。当现金处于历史最低水平时，通常就到了顶部和底部。我看见有时候新星基金是大熊基金的3倍以上，然而货币市场基金的资金很高，市场在持续上涨。

我对瑞德克斯资金水平的建议和我过去几年做的一样：养成网上做记录的习惯，记下资金水平。随着时间和经验的增加，你会发现瑞德克斯资金和标准普尔、纳斯达克100之间的变化模式。

瑞德克斯为了提高整个基金的稳定性，它增加了一些板块基金。你也可以每天晚上获得这些板块基金的数据。不同的板块，像科技板块、能源板块、电信板块和基本材料板块，这些板块的指数和对应基金的背离现象也可以作为有用的时机工具。对于整个瑞德克斯，这个方法对我也是有用的。

# 持仓量报告

持仓量报告（COT）是商品期货交易委员会（CFTC）每两周公布一次的关于商业交易者、大投机者、小投机者的所有详细仓位的报告。对于标准普尔期货，商业交易者包括银行、经纪公司和共同基金；大投机者指商品基金；小投机者指像你我这样的投机者。曾经有一段时间持仓量报告在我的交易工具中。虽然我现在很勤奋地查看这个报告，但它和我的交易没什么关系了。这个报告也因为有史以来的大牛市而失去作用了。

霍华德·西蒙1998年6月在《期货》杂志总结的一段话能代表我对这个情绪指标的看法："很多销售系统的商人和分析师说根据持

仓量报告做交易是赚钱的，如果你定量地去研究一个市场，你就会发现并非如此。"[1]谢谢你的解释，兄弟。我必须指出西蒙当时研究的市场是小麦，不是标准普尔。不过我倒是对标准普尔做了很多研究工作，我还知道很多交易者也这么做了。我们的结论是持仓量报告失去了它的预测价值。

我还记得很多年前《巴伦周刊》有一篇文章分析说如果商业交易者在任何时刻持有的标准普尔净仓位是空头的话，那么市场就要下跌了。从1995年开始，如果一个交易者根据这个结论去赌的话，他将会亏掉很多钱。我还记得1995年标准普尔在上涨后，商业交易者在当年的最后几周突然做空。所有的空谈家都说市场要大调整了，实际上标准普尔还在飙涨，创造了一个又一个新高。

我听别人说拉里·威廉姆斯对持仓量报告做了创造性的研究。拉里·威廉姆斯是一个传奇交易者和分析派人士，我很尊敬拉里的博学真知，很想看看他的研究结果。

如果结合一个指标，持仓量报告有可能找到某年或连续多年的极端情况，如此说来还有些价值。如果我看见商业交易者出现了多年未见的净空头仓位，我当然会留意的；如果我的其他情绪指标也看空，那我更要小心了。

你可以在周五东部时间下午3：30得到持仓量报告，两周一次。在商品期货交易委员会的网站www.cftc.com也可以找到。你到了主页以后，点击持仓量报告，然后沿着菜单往下找到"芝加哥商业交易所"这个子菜单。再沿着子菜单往下找到"标准普尔500股指期货——国际货币交易所"。你在这里能看见之前两周（截至点是周二）各种交易者的多头净仓位和空头净仓位。

# 其他情绪指标

其他常用的情绪指标包括空头仓位、空头仓位比率、共同基金现金仓位、内部交易数据、华尔街每周精灵指数。我也监视研究过

---

注　释

[1]霍华德·西蒙，"做出承诺"，《期货》杂志，1998年6月刊，第38～40页。

这些情绪指标，发现它们对我的交易没什么用，不怎么重要。共同基金现金仓位指标在90年代末的大牛市中被证明是没用的，至少暂时是没用的。学院派人士和市场邮件撰写者喜欢用内部交易数据做预测工具，但我发现也是没用的。

《每周华尔街》这个电视节目会公布华尔街每周精灵指数，这个指数是调查10位技术派人士的结果。过去在超级看多或看空的时候，这个指标可以当做很好的反向指标来用。最近几年，股价一直在涨，这个指标也在高度看涨区域，所以重要性也不大了。

还有一个情绪指标叫大宗交易指标，不过我也放弃了。《巴伦周刊》每周会公布1万股或1万股以上的大宗交易。这些大宗交易会被细分为买入的和卖出的交易。在80年代末和90年代初，当卖出的数量明显大于买入的数量时，这个指标当做反向指标用是有一定价值的。但到了1990年底，它的预测价值就完全丧失了。

第10章

# 技术指标

除了情绪指标，我发现还有几个技术指标有点用，尤其是和情绪指标一起使用的时候。我在前面说了很多次，90年代的股市很难找到好指标。1993年左右发现基本价值指标不太好用了；1995年初开始发现很多让人尊敬的技术指标也不行了；到了1998年底1999年初，连我的情绪指标也不好用了。

## 最高／最低逻辑指数

诺曼·福斯贝克在1979年发明了最高／最低逻辑指数，并在他的书《市场逻辑》中提到了这个指标[1]。他每两周会在他的业务通讯邮件《市场逻辑》中跟踪一次这个指标。这个指标可以每天计算，也可以每周计算。这里有两个数值：（1）创造新高的股票数占股票总数的百分比；（2）创造新低的股票数占股票总数的百分比。这两个数值中比较小的那个就是最高／最低逻辑指数。

比如，在1998年11月20日这周，在纽约证券交易所交易的股票有3679只，其中192只股票创造了52周新高，103只股票创造了52周新低。本周的最高／最低逻辑指数是2.8%，也就是拿103除以3679（192和103中103数值比较小）。每个周一可以在《华尔街日报》和《巴伦周刊》上面找到每周创造新高和新低的股票数据。

最高／最低逻辑指数的原理是，如果有很多股票创造了每周新高，还有很多股票创造了每周新低，那么就说明市场内部是虚弱的。这个特点也叫混乱的市场，期间大盘股掩饰了其他股票的弱势。从过去的表现来看，股市内部的背离会导致大量卖出，从而常

---

注　释

①福斯贝克，《市场逻辑》，第76～80页。

常形成熊市。

如果使用10周均值，最高／最低逻辑指数的预测性将会很好。数值大于4.5%就构成了卖出信号，数值小于1%就构成了买入信号。从周线级别角度来说，数值大于7%就是卖出信号，数值小于1%就是买入信号。周线级别上数值大于10%的情况很少见，如果出现了，那就危险了。

1961年到1962年、1966年、1969年、1976年，当市场接近顶点时最高／最低逻辑指数给出了卖出信号。1987年10月2日最高／最低逻辑指数给出了卖出信号，10月19日市场崩盘了。1990年7月13日最高／最低逻辑指数给出了卖出信号，不到三周，熊市就来了。另外一个卖出信号出现在1994年3月11日，然后发生了为期10个月的熊市。最高／最低逻辑指数和为数不多的指标一起精准地预测到了1998年7月的顶部。

然而，最高／最低逻辑指数也不是绝对准确的。1998年1月16日那周它给出了一个假的卖出信号，随后道琼斯在4个月内强劲地上涨了1400点。它1991年12月20日也给出了不太准确的卖出信号，在随后的交易日12月23日道琼斯涨了3%，到年底前又涨了6%。我认为，人们在12月为了避税而卖出股票，破坏了最高／最低逻辑指数的准确性。因此在12月和1月要忽略最高／最低逻辑指数的买入和卖出信号，尤其是卖出信号。

## 其他的最高／最低指标

卡尔顿·拉特斯是《卡波特市场邮件》[1]的出版人，他根据52周最低点开发了一个时机工具，称之为2秒指标。这个方法认为，只要纽约证券交易所每天创造新低的股票不超过40只，那么市场就很好，不会有任何严重下跌的危险。使用这个指标的时候，拉特斯根据股票的强弱把它们分成三类。因为这个指标是拉特斯个人所有的，我不方便透露具体细节，我建议你直接联系拉特斯询问细节。即使了解这个指标，我在90年代末的市场中也没发现这个指标对交

注　释

[1]《卡波特市场邮件》。邮政编码01970，马萨诸塞州塞伦市，3067号邮箱。

易者有用。

现在技术派人士使用每天创造52周新低的股票数量和纽约证券交易所股票总数的百分比来判断市场内部是否健康。有些人认为如果2%的股票在连续5个交易日创造了52周新低，那么可能就有麻烦了，这是预警。

诺曼·福斯贝克在《市场逻辑》中开发了一个指标，这个指标常常被人提及，它是根据每周创造新低的股票百分比来判断的。福斯贝克认为，如果每周40%或40%以上的股票创造了52周新低，那么市场的底部差不多就到了[①]。在90年代，这个指标两次确认了1990年和1998年的低点。

# 大量卖出指标

很多指标是根据道琼斯创造新高来判断的，你可以根据新高／新低和上涨家数／下跌家数来判断市场是否健康。其中有一个这样的指标叫大量卖出指标，这个指标是威廉·欧哈马开发的[②]。这个指标根据以下两个情况做决定：

1. 道琼斯创造了52周新高。
2. 在7个交易日内52周新低等于或大于当天的最高价。

如果符合这两种情况，你还要确认两个信号：

1. 52周新高以后，连续两个交易日下跌的股票家数大于1000且上涨家数／下跌家数比率小于0.25。
2. 52周新高以后，在7个交易日之中的4天有超过1000家股票下跌。

如果创造了52周新高，且有2%的股票是上涨的，那么卖出信号就产生了。

---

注　释

① 《市场逻辑》业务通讯邮件，1998年9月10日，第4～5页。
② 《图表派人士》业务通讯邮件，1994年8月11日，第2～4页。

我得承认大量卖出指标是比较中肯的。先不谈具体的术语，其实它就是通过市场的弱势来确认顶部。你在本书后面会看到，等大量卖出这样的指标发出预警时，我通常早就走了。

# 上涨／下跌线

这是一个最基本的判断市场总体健康状况的指标。要想计算上涨／下跌线（译者注：国内也叫腾落线或腾落指数），计算每天上涨的股票家数减去下跌的股票家数的值（不涨不跌的股票就不管了），然后把前一天的数值加上这个数值就能得到上涨／下跌线的值。比如，在1998年12月22日这天，纽约证券交易所有1289只股票上涨，1755只股票下跌，上涨／下跌线是-466，然后再用前一天的上涨／下跌线的值加上这个值。

很多原则和系统都是根据这个上涨／下跌线改头换面的。我尽量保持简单，并加入以下原则：

● 如果道琼斯下跌，且上涨／下跌线上涨，那么市场会上涨。

● 如果道琼斯上涨——尤其是创新高时，且上涨／下跌线上涨是下跌的，那么市场会下跌。

● 如果道琼斯接近于之前的最低点，且上涨／下跌线比之前的最低点时高，那么此时可以看涨。

● 如果道琼斯接近于之前的最高点，且上涨／下跌线比之前的最高点时低，那么就是顶部，此时要小心。

● 如果上涨／下跌线已经突破了振荡区间，那么可以确定道琼斯和标准普尔的突破方向。

图10.1显示了上涨／下跌线，表明了1998年4月初的背离。请注意当上涨／下跌线的趋势向下时，道琼斯是如何在几个月之后创造新高的。最终这种反向背离导致市场在7月底和8月发生了凶猛的突破。

但是我要重申一下，指标都不是绝对可靠的。同样请注意，在图10.1中，1999年初道琼斯和上涨／下跌线出现了最大的负背离。当

图10.1 上涨／下跌线

（来源：decisionpoint.com网站，1999年版权所有。www.decisionpoint.
com授权）

时几乎每个分析师都说1998年7月的现象要再次重演。你在第12章会
看到，相反的情况并没有发生。上涨／下跌线出人意料地在4月转而
上涨，道琼斯则飙涨了1000多点。

# 道琼斯公用事业平均指数

著名的技术派人士埃德森·古德认为道琼斯公用事业平均指数
是股市最好的指数之一。其实道琼斯公用事业平均指数并不是一个
精准的时机工具，但很多技术派人士很喜欢用这个指标。道琼斯公
用事业平均指数显著的上涨趋势和下跌趋势最终都会引起市场的大
趋势，只有少数例外情况。比如，1972年11月道琼斯公用事业平均
指数到达顶峰，随后道琼斯在顶部待了几个月，接着在1973年1月11
日开始形成自从1929年以来最大的熊市。然后道琼斯公用事业平均
指数在1974年9月形成底部，表明恐怖的熊市快结束了，道琼斯则在
12月到达底部。

大部分情况下道琼斯公用事业平均指数和总体市场的时间差只有几个月，但有时候背离的时间比较长。比如，道琼斯公用事业平均指数在1987年1月形成顶部，而整个市场却一直飙涨到8月。1990年也出现了类似的情况，道琼斯公用事业平均指数在1月形成顶部，整个市场却涨到了7月。道琼斯公用事业平均指数在1993年8月31日形成顶部，但整个市场没有形成顶部，而是一直涨到了1994年1月底。最近，道琼斯公用事业平均指数和整个市场的时间差缩小了。道琼斯公用事业平均指数在1997年1月底到达了最高点然后开始下跌，6周后道琼斯做了10%的修正。

道琼斯公用事业平均指数不仅仅是引导整个市场下跌。道琼斯在1997年夏天回调了10%以上，10月27日下跌7%后到达顶点，此时大部分专家强烈看空。然而几周后的1997年11月，道琼斯公用事业平均指数突然突破并继续创造历史新高。两个月后，道琼斯开始跟随并在5月时涨了1600多点。同理，1998年7月中旬到8月底道琼斯差不多跌了20%之后，道琼斯公用事业平均指数开始在9月创造历史新高。一个月后道琼斯和标准普尔跟随道琼斯公用事业平均指数狂涨，最终各自创造了新高。

诺曼·福斯贝克在《市场逻辑》中监视了一个公用事业指标，这个指标叫公用事业背离指数[1]。这个指标其实就是20周道琼斯公用事业平均指数减去20周道琼斯工业平均指数。数值等于10%或大于10%就认为是看涨的，数值等于−10%或小于−10%就认为是看跌的。这个指标在过去给出了一些质量很好的买卖信号，尤其是在极端的15%以上或−20%以下时信号质量更好。

# 麦克莱伦振荡指标

麦克莱伦振荡指标是谢尔曼·麦克莱伦和玛丽安·麦克莱伦开发的，它是上涨家数的指数移动平均线的值减去下跌家数的指数移动平均线的值（参数分别是19天和39天）。如果你想了解具体内容，请找他们两位，我不方便讲。我过去喜欢用麦克莱伦振荡指标

---

注　释

　　① 《市场逻辑》业务通讯邮件，1997年11月7日。

衡量股市的超买／超卖状况，但我现在不想刻意去推荐这个指标了。我不喜欢超买／超卖指标，我也不想用超买／超卖做交易决定。很多分析师说在结合背离分析的时候使用超买／超卖非常好，比如在市场创造新高或新低的时候指标却没有创造新高或新低。无论如何，我还是觉得这些指标没用。

正常情况下麦克莱伦振荡指标的波动范围是100到-100。大于100被认为是超买；小于-100被认为是超卖，此时可以期待反转。有些技术派人士认为当麦克莱伦振荡指标从正数变成负数时，或从负数变成正数时最好用。我发现这只是学院派人士的观点。和麦克莱伦振荡指标相似的指标叫麦克莱伦总和指数，不过我从来没用过。

有经验的技术派人士会告诉你，在强势的上涨或下跌中，超买／超卖指标可以在极限位置持续存在几周，甚至几个月。麦克莱伦振荡指标也不例外。因此，当市场动量很强的时候，我就忽略麦克莱伦振荡指标。但如果麦克莱伦振荡指标在振荡的市场到达了100或-100，我就认为这是反转的信号。

麦克莱伦振荡指标是根据收盘价计算的。东部时间下午5：15左右的财经频道会播出这些数据。财经频道在交易时段的不同时间点也会播出这些数据。卡尔·斯文林的网站www.decisionpoint.com每天也有麦克莱伦振荡指标的数据。

虽然麦克莱伦振荡指标是我过去很喜欢的指标之一，但是大牛市的出现让这个指标被历史的尘埃淹没了。

# 广量交易指标

广量交易指标是理查德·阿姆斯开发的，所以也叫阿姆斯指数和短线交易者指数。广量交易指标计算上涨家数和下跌家数的比率，再和上涨成交量和下跌成交量的比率相比。这个指标一般采用10天的数据，如果数值大于1.20，那么市场是超卖的，可能要向上反转；如果数值小于0.80，那么市场是超买的，可能要回调。如果在恐慌的市场中数值到达了3.00或比3.00大，历史表明都是底部。

广量交易指标和其他指标一样，在强势的市场中，它的数值会在极限位置持续数周。和麦克莱伦振荡指标一样，在振荡的市场

**图10.2　广量交易指标（参数是10天）**

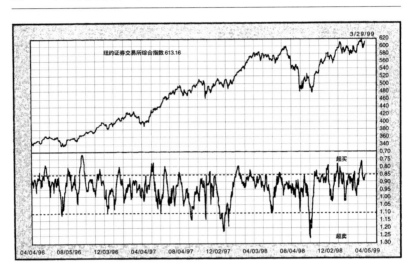

（来源：decisionpoint.com，1999年版权所有，www.decisionpoint.com
授权。）

中，如果广量交易指标到达极限位置，那是非常有用的。虽然我也
监视广量交易指标，但它在我交易的时候已经不再是最关键的指标
了。1995年1月开始的超级大牛市也让这个指标失去了有效性。你可
以看图10.2，自己判断这个指标的有效性。

# 成交量指标

　　老交易者可能会用成交量指标，但我从来不用。广量交易指
标也采用了成交量元素，但我不相信任何关于成交量的分析。学院
派人士喜欢指出当股票或股指期货向上突破大涨时都伴随着成交量
的明显放大，所以成交量指标有价值。我完全可以找到很多向上突
破大涨的股票和股指期货，但是它们的成交量没有放大，甚至缩小
了。对我来说，放弃成交量指标完全没问题。

　　当我想到成交量分析的时候，就不得不提维克托·尼德霍夫写
的一本好书《投机者养成教育》，书中说他的毕业论文谈论的是成

交量和突破的关系。他用1928年到1961年的数据分析，发现价格和成交量是联动的。他测试了股票和股指期货。30年后，他把他的研究延伸到1991年。他发现二战后——从1946年到1991年，价格和成交量之间的关系并没有预测性[1]。

我还记得在60年代的很多熊市中，无论成交量的大小如何，价格每天照样跌。在很多牛市中也是同理。我见过很多稳步上涨的市场，因为成交量一直很低，成交量专家一直怀疑，结果一直涨。

# 均线

和成交量一样，我从来不用均线。我发现用它们还不如不用。也许你想阅读拉里·威廉姆斯的《期货交易指导》[2]和他关于均线的研究。拉里潜心研究了均线、均线交叉和通道，他的结论是这些方法都不能持续一致地赚钱。拉里说也许均线是一个好的交易工具，但如果只依靠均线不太可能打造出一个赚钱的系统。

股票投资者最常用的均线是200天均线。有些业务通讯邮件撰写者和共同基金的时机交易者把价格和200天均线交易交叉作为买卖信号。价格上穿200天均线就是买入信号，价格下穿200天均线就是卖出信号。

我不用均线的原因是它们反应慢了。比如在1987年崩盘前，想要回避这次崩盘，仅仅依靠200天均线还不行，还要做很多工作。当它10月16日发出卖出信号时，道琼斯已经从8月的最高点下跌了17%以上。

# 永远不要对抗美联储

所有的专业投资者都遵守这个原则，那就是永远不对抗报价机（市场的动量）或美联储。在短期内，主要是利率在推动市场。美联储的宽松政策意味着是看多股票价格的。美联储控制利率的工具

注释

①尼德霍夫，《投机者养成教育》，第104～106页。
②拉里·威廉姆斯，《期货交易指导》，纽约白水村：温莎图书公司，1988年，第45～56页。

有贴现率、联邦基金利率、银行储备金和股票保证金要求。美联储很少采用最后两种方法。

根据诺曼·福斯贝克研究，贴现率下降3个月后标准普尔平均会上涨7%[1]。如果美联储连续两次宣布降低贴现率，市场的反应会更剧烈。美联储的这个行为会触发所谓的"两降一跳"原则。（美联储两次宣布降低银行储备金并降低保证金也会触发这个原则）

美联储是1913年成立的，"两降一跳"的信号出现了20次，最近的一次在1998年10月15日。这个原则被触发后的3个月标准普尔涨了11%，一年后涨了30%。1998年10月15是最后一次降低贴现率，标准普尔在3个月后涨了18.69%。

从过去的表现来看，如果美联储降低联邦基金利率，股市也是看涨的。杰里米·西格尔在《股市长线法宝》中给了一个图表，以说明从1955年开始美联储每次改变联邦基金利率后对股票价格有什么影响[2]。西格尔指出，美联储降低联邦基金利率一年后，标准普尔一般会涨7%，实际上会涨18%。这段时期内平均每年的收益是12%。

更有趣的是在90年代，西格尔的研究发现美联储改变联邦基金利率的结果被反转了——美联储增加联邦基金利率一年后股市的收益是16.21%，美联储降低联邦基金利率一年后股市的收益是12.76%。这个指标也说明了在90年代由于大牛市的来临而暂时改变了指标的有效性。

注　释

①《市场逻辑》业务通讯邮件，1998年11月12日，第6~7页。
②西格尔，《股市长线法宝》，第154页。

# 第11章

# 月度周期性

根据诺曼·福斯贝克[1]和阿瑟·美林[2]的研究，每个月的最后1个交易日和下个月的前4个交易日股市有上涨的倾向。在节假日的前2个交易日这种倾向也很明显，这些节假日包括周五、阵亡将士纪念日、国庆节、劳动节、圣诞节、元旦和总统日。因为现在马丁·路德金日是可以交易的，所以是例外情况。

福斯贝克用电脑模拟测试了从1928年到1994年的月度周期性[3]。结果显示持有标准普尔500股指期货（也就是所有股票）的时间只占总交易日的28%——其他时间都是空仓的。在持仓时期不考虑佣金、税收、利息或红利的影响，测试结果是能把1万美元的起始资金增值到460万美元。相反，截止到1994年，1万美元的起始资金如果投资于剩下来72%的时间内，资金会缩水到569美元。这个结果是令人震惊的。股市从1994年开始已经涨到了3倍，不知这460万美元会如何增值。

福斯贝克更新了他的月度周期性研究结果，并把每个月倒数第二个交易日和下个月第五个交易日算进来了，如果这天是当周的第一天就不算。福斯贝克还用几个真实账户交易他的周期性交易系统，他在《市场逻辑》中会定期公布他的账户交易情况。

月度周期性还解释了传说中的年底上涨现象。这又是一个让人震惊的统计数字。福斯贝克说，过去70年来，从感恩节前两天开始到1月的第5个交易日这一个半月的收益占股票总收益的40%[4]。过去70年来，每月尾、节假日前的收益加上一个半月期间的收益占总收

---

注 释

①福斯贝克，《市场逻辑》，第154～164页。
②阿瑟·A.美林，《华尔街价格行为》，纽约查巴克：分析出版社，1984年。
③"周期性交易系统"，取材自经济研究所的特别报告。
④《市场逻辑》业务通讯邮件，1996年12月6日，第6页。

益的45%。

月度周期性在过去帮助我实现了交易成功。不管是股指期货，还是股票，只要是在周期性的有利日子我就会积极交易，尤其是在年底的时候。这并非是说我在盲目地买入，我只是在月度周期性比较有利的日子交易的仓位一般比较大。

虽然月度周期性模式被大力宣传过，但是它的作用不减，这是让人吃惊的。通常情况下当大家都知道了一个有利可图的交易模式时，它的有效性就会降低，甚至会消失。维克托·尼德霍夫说："如果一个有利的方式总是被报道出来，聪明的钱就会千方百计地抢先利用这个优势。"[1]我想说的重点就是，当每个人都想利用某个优势赚钱时，那么这个赚钱的模式就蒸发了。

传统的智慧认为，因为大众、保险基金和共同基金的存在，所以才会有周期性模式。因为很多人的工资发放是有周期性的，而其中很多工资想办法走进了股市。

布鲁斯·巴布科克的实战交易公司[2]对股指期货的月底周期性做了大量的电脑测试。针对每个月最后5个交易日和前5个交易，巴布科克对不同时期使用了100多种进场出场方法做测试，止损方法则使用了5种。他的研究成果可以通过购买《生活中的纽约金融交易所》和《标准普尔爱好者系统》这两个系统报告获得。

维克托·尼德霍夫在《投机者养成教育》中提到了罗伯特·艾瑞尔做的研究，也就是把每月分成两半。艾瑞尔的研究表明前半个月的收益明显比后半个月的收益多。尼德霍夫在艾瑞尔的基础上继续研究1987年崩盘到1996年8月的标准普尔股指期货，他发现前半个月要比后半个月强3倍，这就确认了每个月也是有周期性的[3]。

1997年4月28日，阿兰·纽曼在《横流》业务通讯邮件中公布了他测试半年的结果[4]。这个研究的测试期间是从1950年到1997年4

**注 释**

①尼德霍夫，《投机者养成教育》，第275页。
②实战交易公司，邮政编码95825，加州萨克拉门托市，149号小区，豪伊大道1731号。
③尼德霍夫，《投机者养成教育》，第278页。
④阿兰·M.纽曼，《横流》，1997年4月28日。邮政编码11021，大颈镇，卡特米尔40号。

月22日。在这期间如果投资1万美元到道琼斯的股票，每次都是从11月到4月（然后再从11月到4月），这样可以增值到276113美元。测试没有考虑税收和佣金的影响。如果把时间改为从5月到10月，那么1万美元会增值到11484美元。如果从1982年8月的牛市开始测试到1997年4月22日，仍然能表明11月到4月的期间赚的钱是5月到10月期间赚的钱的3倍。

尼德霍夫还研究了道琼斯每月的业绩以及1870年到1995年之间的业绩。他的研究表明1月和8月的收益最多，5月、9月和10月的收益最少。在这期间，5月和9月的收益是负数[1]。

耶尔·赫希做了类似的月度测试，不过测试的是标准普尔。研究时间是从1950年到1996年4月。赫希的研究结果是12月、1月、11月的收益最多，9月、6月、2月和5月收益最少。在最近10年中，5月的收益最多，10年内都在增加[2]。

即使对过去每个月的业绩情况很了解，但对交易的帮助不大。市场的行为会影响我的交易决定，我不会因为某个特定的月过去收益高就去交易。比如，1997年9月专家们看见市场上出现了很多技术问题就大叫市场要出乱子了。事实上仅仅是因为在过去9月的业绩都是最差的，所以他们更加看空。然而我在9月赚了1.6万美元，算是不少的了，这是因为我并没有当时是9月就感到害怕，我只是跟随市场而已。

# 每周收益最多的日子

老交易者总是认为周一容易亏钱，周五的市场则是最强的。杰里米·西格尔在《股市长线法宝》中强调说在过去112年中周一一般都是亏钱的，周五是一周中最好的一天，收益是平均每天收益的4倍[3]。

蓝调周一综合症如今已经不存在了。实际上，从1990年底开始周一已经成为做多的最好机会了。有些商人开发的交易系统就是利

注　释

①尼德霍夫，《投机者养成教育》，第280页。
②耶尔·赫希，《1997年股票交易者年鉴》，赫希组织，邮政编码07675，新泽西州老泰普，中央大道184号。
③西格尔，《股市长线法宝》，第264页。

用周一的强势买入。有个系统就是简单地建议在周一开盘买入标准普尔股指期货，并在收盘时卖出。

耶尔·赫希在他的业务通讯邮件《更高的收益》[1]中分析了从1990年1月到1996年7月19日道琼斯每周业绩最好的一天。以下是结果：

| | |
|---|---|
| 周一 | 道琼斯赚了1817.96点 |
| 周二 | 227.11 |
| 周三 | 701.26 |
| 周四 | 66.55 |
| 周五 | −139.29 |

让人吃惊的是道琼斯在90年代中期70%的收益发生在周一。我强调分析每周中哪天最赚钱的目的是想说明适应性是成为成功交易者的前提。就像本书强调的那样，历史并非是通向未来的交通地图。过去有用的方法在未来不一定有用。蓝调周一综合症的消失是历史不会重复的例子。

优秀的交易者必须知道赚钱的模式并尽量利用这种模式赚钱。比如，从1997年9月到1998年的12月这16个月期间，道琼斯在每个月的第一个交易日平均就赚了87.29%，16个月有14个月都是赚钱的。一旦这个模式变得明显了，我就在每个月的第一个交易日积极利用这个机会。

## 其他的周期性交易模式

还有很多其他周期性交易模式和日期模式——它们不一定会提高我的交易质量，我只是说交易者应该尽量多地了解股市。1月晴雨表模式说如果1月走得好，那么一年都走得好。其他人说，因为1月的第一周走得好，所以本月和本年都走得好。这些都是周期性模式。

关于1月晴雨表模式，维克托·尼德霍夫的分析最好最清晰[2]。

注 释

①耶尔·赫希，《更高的收益》，1996年8月。赫希组织，邮政编码07675，新泽西州老泰普，中央大道184号。
②尼德霍夫，《投机者养成教育》，第279页。

他测试了1935年到1995年的道琼斯工业指数。在21年中，如果道琼斯在1月下跌了，那么剩下来11个月的平均变化是2.3%，且道琼斯在11个月中有一半的时间是下跌的。在40年中，如果道琼斯在1月是上涨的，那么剩下来11个月的平均变化是8.7%，且道琼斯在11个月中有80%的时间是上涨的。

学院派人士经常谈论总统周期模式。这个模式被各种各样的方法解剖过、分析过和优化过。简而言之，总统就职的第三年股价的收益最高，第四年的收益其次，然后是第二年和第一年的收益。耶尔·赫希说，从1832年开始，41届总统的第三年和第四年的收益换算成总净收益是592%[1]，也就是说每届总统头两年的收益占总收益的79%。

然而，你不能仅仅依靠总统周期模式来做交易决定。比如，历史表明第一年（竞选后的那年）的收益最少，但1984年里根那届第一年的收益最多，布什1988年那届第一年的收益也最多。很多人预测克林顿竞选后的1997年市场很糟糕，结果市场吼涨了33%以上，克林顿那届的中期也不差——涨了28%以上。

和总统周期模式相关的就是十年周期模式。这个模式认为股票每年的业绩会在具体的年份有特定的表现。比如，从1880年开始，标准普尔从来不会在第五年下跌（以5结尾的年份）。同理，从那时开始第五年的收益是最多的。从1880年开始以7结尾的年份收益最差[2]。不管怎么说，1997年的标准普尔涨得很好。

# 期权到期周

股票期权和股指期权在每个月的第三个周五到期。每个第三月——3月、6月、9月、12月——是股指期货的到期月，这种现象也叫三巫周。

过去可以大大地利用期权到期周赚钱。比如，标准普尔在1988年收益的28%来自期权到期周。1988年12个期权到期周带

注 释

[1]赫希，《1997年股票交易者年鉴》，第139页。
[2]赫希，《1997年股票交易者年鉴》，第138页。

来的平均收益是每月2%以上。在其他周内，标准普尔几乎没有变化。美林分析师的研究表明，从1985年开始，除了1995年不算，股票每年在期权到期周的收益最高。收益高的原因之一是期权交易者看空，他们不愿意平仓，从而导致价格上涨[1]（译者注：对手逼仓导致的）。

这些年来，我利用期权到期周的上涨倾向赚了不少。在期权到期周的前一两周，如果看跌期权的买入量大于看涨期权的买入量，那么收益是最多的。这种现象在三巫周到期时更明显。在期权到期周之前如果看涨期权的买入量大于看跌期权的买入量，那么会稀释上涨的倾向，有时会让上涨倾向消失。1999年1月的期权到期周就是这样的例子，因为在之前的两周看涨期权的买入量明显大于看跌期权的买入量，所以那周下跌了。

1998年3月20日，标准普尔公司发表了一篇关于三巫周的有趣文章，文章认为在三巫周标准普尔每天上涨的概率比较大[2]。1987年6月到1997年6月，标准普尔500在54%的时间内每天的收盘价比前一天高。三巫周的概率情况如下：

| 周一 | 周二 | 周三 | 周四 | 周五 | 周一以后 |
| --- | --- | --- | --- | --- | --- |
| 66.70% | 45.20% | 54.80% | 61.90% | 71.40% | 33.30% |

## 季末倾向

过去几年，要想在每个季末——3月、6月、9月、12月的最后一个交易日买入道琼斯和大盘股是要付出代价的。在10个季度中道琼斯有9个季度是下跌的（结束于1999年3月），期间一共下跌了812点。在季末的最后一个交易日表现最好的是罗素2000和小盘股，它们的累计收益比过去10个季度的收益还多。对于喜欢交易小盘股共同基金和罗素2000股指期货的交易者来说，这个模式有利可图。因

---

注 释

[1] "当期权到期时市场的趋势持续上涨"，《华尔街日报》，1998年12月18日。
[2] 学习曲线，标准普尔投资咨询服务公司，personalwealth.com，1998年3月20日。

为这个模式越来越出名，我发现在季末最后一个交易日的前两天买入小盘股最好，然后再在季末把小盘股卖掉并买入道琼斯和大盘股。因为道琼斯和大盘股在季末下跌后、下一个季度初的几个交易日倾向于反转。

请注意，在1999年6月，这个季末的倾向并没有保持住，至少道琼斯没有保持住。当时道琼斯在−30到−60之间徘徊，突然美联储宣布了一个中性的货币政策，道琼斯立刻反转，收盘涨了155点。我很幸运，我看罗素2000指数也很强，就去做了一把小公司成长基金，结果赚了3%。

# 第12章

# 交易的本质

这是本书最重要的一章，因为本章具体讲述我是如何交易的。

我的交易方法一直在修改完善。正如前面讲的，我还在使用情绪指标和技术指标，我把它们当做价格变化的知觉过滤器，但我越来越倾向于只关注单纯的价格波动。我在多年的交易中发现市场有自己的流动性和节奏性，这个节奏其实就是市场的动量（译者注：本书中的动量就是指价格的涨跌变化），优秀的交易者就要和这个动量保持同步。

我的交易方法是建立在几个动量模式的基础上的，这些模式能让我和市场的节奏协调一致。这些模式分别是V形底向上反转模式，收盘前价格上涨模式，动量超级大的交易日模式，周一到周五动量模式，动量中断模式，1%真实卖出日模式和道琼斯、标准普尔、纳斯达克100、罗素2000指数之间的背离模式。本章会简短地解释每个模式，为了让你更好地理解这些模式，我会带你回顾我在1998年和1999年初的很多实战交易。

V形底向上反转模式发生在道琼斯连续下跌的时期，至少每天下跌了0.75%，然后有一天突然凶猛地上涨，收盘价最好是明显地上涨了。一旦当天发生了这样的反转，我就特别注意。如果前一天道琼斯是下跌的，或最近一直是下跌的，那么我就会情不自禁地去利用V形底向上反转模式做交易。另一方面，如果某一天强势上涨了，或涨了一段时间，而我错过了，那么我就不认为V形底向上反转模式有那么重要了。大部分情况下，市场还没有反转，我就提前进场了。

和V形底向上反转模式比较相关的就是收盘前价格上涨模式，这个模式发生在振荡市场，某天收盘前2～2.5个小时价格上涨了。这种模式下道琼斯的收盘价最好比前一天至少涨了0.5%。当下跌一天或一段时间后，把这种模式和V形底向上反转模式结合起来使用效果非常好。

动量超级大的交易日模式比较好理解，在某些交易日里价格波动很异常，过去几个月都没见过这种异常现象。当价格向某个方向推动时，预示着价格还要往这个方向推动几天。换句话说，超级强势会带来相对强势，超级弱势会带来相对弱势。

周五到周一模式是多年来最可靠的动量模式之一。如果周五的强度比平均强度大，那么可以期待周一的强度也大（如果周一放假就是周二）。相反，如果周五的价格波动很弱，那么可以期待周一的价格更弱。周五到周一动量中断模式是指周五的强势或弱势并没有在周一持续下去。这种周末动量中断模式是短期趋势变化非常明显的指示。

1%真实卖出日模式是指道琼斯、标准普尔、纳斯达克100和罗素2000指数在上涨至少两周以后，突然有一个交易日它们的收盘价都跌了1%或1%以上。这种下跌说明趋势遭到了破坏，是价格严重下跌的预示。我来给卖出日下个定义，比如，如果4个指数里面有3个指数严重下跌——跌了1.5%～2%或更多——但有一个指数只跌了0.75～1%，那么我就把这种现象解释为一个真实卖出日。然而，我认为界限是0.75%，这意味着如果某天有一个指数下跌不到0.75%，而其他指数严重下跌，那么说明市场的买盘对某个市场是有兴趣的，因此这不算真实卖出日。

我很喜欢背离模式，因为多年来我的大部分钱都是靠这个模式赚的。背离可以发生在单个指数上面，比如道琼斯自身的交易行为变化；也可以发生在不同指数之间——道琼斯、标准普尔、纳斯达克100、罗素2000。

在讲解实战的例子之前，我要评论一下纳斯达克100指数。我会无数次地参考这个指数。纳斯达克100指数包含了100家美国最大的非金融公司。在股市中它相当于科技板块。在这个指数中，电脑和软件占了总价值的63%，电信占了18%。纳斯达克100指数40%的价格波动是由微软、英特尔、戴尔、思科和全球通讯引起的。对纳斯达克100能造成大影响的还有亚马逊和雅虎。

112

# 实战交易案例

该谈谈实战交易了。要想解释我的交易方法，唯一的办法就是通过实例解释。我可以用100页文字来解释我的各种交易策略，但是你永远无法掌握它们，我用实例来解释就比较好。我从1998年开始讲，因为我在这年和市场完全是同步的。

我在这里所讲的道琼斯开盘价是指理论上的开盘价——也就是所有股票同时开盘。道琼斯在9：30开盘这个说法有误导作用，因为很多股票都是在9：30以后的几分钟内才开始交易的。买卖单不平衡会导致这种开盘价的延迟。

面对新的一年，我总是有点恐慌。我希望市场能告诉我怎么走。我总是对新的一年的第一个交易日保持警惕。我记得有很多年份，第一个交易日市场朝一个方向走，几天后又突然强势反转。1998年也是如此。1月2日是第一个交易日，道琼斯涨了56点。然后在1月6日到1月9日之间道琼斯跌了接近400点。大部分下跌发生在1月9日周五，这天下跌了222点。纳斯达克100的下跌更厉害。

所以在1月12日周一看多的理由不足。我的交易原则之一是，如果周五超级弱，那么周一也应该比较弱；相反，如果周五超级强，那么周一也应该比较强。如果情况不是这样，我会特别注意的。

结果1月12日的表现立刻引起了我的注意。你从图12.1可以看出，道琼斯在周一低开了100多点，这就是当天的最低点。然后大部分时间都在和周五相比不赚不亏的位置上下振荡。周五的下跌表明市场是超级弱的。周一在最后一个小时的表现确实引起了我的注意：下午3：00道琼斯跌了16点，最后一个小时涨了80多点，当天收盘涨了66点。

我根据两个动量模式在1月12日收盘前就开始做多了。首先，周五到周一动量中断模式已经发生了。周五下跌了222点，周一没有继续下跌。其次，出现了收盘前价格上涨模式，价格在最后一小时反转狂涨，收盘价涨了0.5%。这两个模式都说明周二还会更强的。事情确实如此，周二开盘就很高，收盘价涨了84.95点。周二的价格行为确认了周一的价格变化其实就是趋势改变了，我在周二收盘前又

**图12.1　道琼斯工业平均指数，1998年1月12日——半小时价格图**

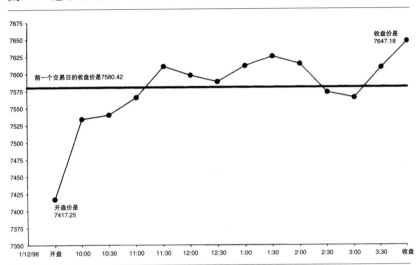

加仓了。道琼斯在1月14日周三又涨了52点。

　　还有其他理由可以说明1月12日周一的价格波动预示了更加强势。比如，1月12日这周是期权到期周，前一周看跌期权的买单非常大（请参看期权到期周相关内容）。另外，证券看跌／看涨比率（请参看前面相关内容）在12月18日发出了罕见的买入信号。这个信号后几个月的价格变动参考历史数据都是看涨的。

　　我从1月12日开始连续几周买入景顺的全球通讯基金，但我在1月12日选择使用的交易工具和这无关。如果短线交易者选择了股指期货、指数期权、股票或美国证券交易所的指数型股票，那么他们就赚了不少。美国证券交易所的指数型股票有蜘蛛和钻石，纳斯达克100指数型股票则有QQQ。长线交易者应该看到1月12日是一个很好的买入机会，因为道琼斯在半年内涨了1500点，也就是涨了20%。

　　我并不是碰巧在1月12日买入科技板块的。多年的经验告诉我，在V形底向上反转模式和收盘前价格上涨模式之后，科技板块在下一个交易日会跟着上涨的。

　　你还可以看出为何我觉得在1月12日图表、趋势线、振荡指标和其他过滤器都没有用。我仅仅是对价格波动做出反应——原因上面说了。交易不是搞科学研究，也不是非要特懂数学才行。

假如你错过了1998年1月12日，的机会，那会如何？1月还会有其他交易机会。我在1月几次加仓景顺的全球通讯基金。这个基金和科技板块通常是对应的。从1月21日开始，以科技板块为主的纳斯达克100指数开始和道琼斯、标准普尔背离。

研究指数间的背离是我多年交易成功的关键。以下是1998年1月21日到1月30日期间道琼斯和纳斯达克100的变化点数。要想找出指数间的变化，用一个指数除以另一个指数就行了。在这期间，纳斯达克100指数波动1个点相当于道琼斯波动8个点。道琼斯在1月20日的收盘价是7794，纳斯达克100的收盘价是1026，前者除以后者的结果是7.59，我就四舍五入到8。

| | 道琼斯变化 | 纳斯达克100变化 |
|---|---|---|
| 1月21日 | （−78.72） | 0.36 |
| 1月22日 | （−63.52） | （−5.89） |
| 1月23日 | （−30.14） | +3.84 |
| 1月26日 | +12.20 | （−8.07） |
| 1月27日 | +102.14 | +19.36 |
| 1月28日 | +100.39 | +27.46 |
| 1月29日 | +57.55 | +5.78 |
| 1月30日 | （−66.52） | +2.13 |
| **总计** | **+33.38** | **+44.26=道琼斯的354点** |

我发现1月21日到1月23日纳斯达克100和道琼斯有背离，我就加仓了科技板块。1月26日出现了负背离，我就准备好了，如果第二天还是负背离，我就平掉一部分的仓位。结果1月27日、28日都是正背离，所以我就加仓了科技板块。股市在2月的第一个交易日狂涨了201点，纳斯达克100差不多涨了30点，相当于道琼斯涨了240点。

我的账户在1998年2月不停地涨涨涨。道琼斯相对于2月2日的收盘价涨了438点，纳斯达克100更厉害，相对于2月2日的收盘价涨了

93点，这相当于道琼斯涨了744点。很多专家在2月看见所有技术指标都是超买的，因此面对上涨时吓得要死。我在前面已经解释了，像1月12日开始的上涨动量一般都伴随着传统技术指标的超买信号，且这个现象要持续一段时间。希望你还记得我对指标派人士的评论（第08章），有一个技术派大师看见2月初的技术指标都是超买的，他就建议做空标准普尔股指期货。

# 真实卖出日

从1998年1月12日的低点到3月5日，道琼斯、标准普尔、纳斯达克100和罗素2000都没有出现过真实卖出日，它们并没有下跌1%或连续下跌得更多。如果没有看见这样的卖出情况，我是不愿意兑现仓位的利润的。傻瓜和输家总是提前兑现利润。为了累积财富，对于赚钱的仓位，你要尽量把它的利润扩张到最大，尽量久地持有仓位。

3月4日收盘后出现了关于英特尔的负面新闻，导致3月5日周四出现了真实卖出日。以下是3月5日不同指数的下跌情况：

| | |
|---|---|
| 道琼斯 | （−1.11%） |
| 标准普尔 | （−1.17%） |
| 纳斯达克100 | （−4.50%） |
| 罗素2000 | （−1.15%） |

纳斯达克100下跌得很厉害，而且是自从1月的最低点以来下跌最厉害的一天。如果其他指标下跌不到0.75%，我会认为这次卖出只是正常的技术调整，并不是真实卖出日。但因为确实是真实卖出日，我没有办法，只好把过去两个月累积起来的仓位减轻。

我在3月5日卖出了一半的仓位。通常我加仓的方式是25%、33%或50%，因此，50%算是加得最多的。我之所以在3月5日尽量卖出我的仓位是因为科技板块跌得厉害，而我持有的科技板块太多了。如果3月6日继续下跌，或下周又出现了真实卖出日，那么我就要卖出剩下的仓位。

3月6日没有继续下跌。道琼斯飙涨了125点，不但弥补了前一天的下跌，还涨了一些。虽然纳斯达克100没有弥补前一天的下跌，但它涨了3.22%。如果不是考虑到前一天周四科技板块跌得厉害，我的原则是在周五收盘前立即再次进场。根据周五到周一模式，如果周五超级强势，那么周一也是强势的。事实也是这样，我等到3月9日周一，把3月5日平掉的仓位又买回来了。

我发现大部分交易者在情绪上做不到像我这样再次进场。如果你还记得，这是我挣扎了19年仍然不赚不亏的缺点所在。在大行情开始之前，我总是能及时进场。但由于各种原因，我总是在大行情中提前下场了，错过了美好的机会。市场确实有大行情，我只是傻傻地坐在那里，不知道把丢掉的仓位再捡回来。我告诉你，如果你想交易成功，你最好克服这种交易心理缺陷。在这个例子中，我重新建立仓位的做法是很好的，因为道琼斯和其他指数在3月随后的三周内又飙升了。

在我交易的所有模式中，最不可靠的就是1%真实卖出日模式。它确实在3月5日发出了假信号。然而，只要我做错了，我总能在一两天内明白过来并再次进场。你很快就会发现，只要做对了，就能弥补偶尔的假信号带来的亏损。

# 过分乐观

当市场在1998年3月继续上涨时，我的很多感知过滤器开始预警了。表12.1列出了从3月23日到4月27日《巴伦周刊》上面的情绪指标数字。

《投资者商情》出现了1992年以来的最低看跌数值。只要市场出现了真实卖出日或出现了糟糕情况，我就平掉多头仓位。3月23日，道琼斯跌了1%以上，也就是跌了90点，但是和科技板块相关的纳斯达克100出现了背离，它很强并上涨了10点多，所以那天还不能看空。道琼斯后来又涨了200点，一直涨到4月6日。当时，《投资者商情》上面看多的人比看空的人多30%以上。过去，多头和空头之间这么明显的差别会导致糟糕的结果。

从1月12日开始的牛市截止到4月6日已经涨了1500多点，该摊牌

**表12.1 投资者情绪，1998年3月23日到1998年4月27日**

| | 多头 | 空头 | 修正 |
|---|---|---|---|
| 《投资者商情》 | | | |
| 3月23日 | 48.0% | 27.6% | 24.4% |
| 3月30日 | 49.6% | 26.4% | 24.0% |
| 4月06日 | 53.2% | 22.6% | 24.2% |
| 4月13日 | 52.4% | 24.2% | 23.4% |
| 4月20日 | 52.8% | 23.6% | 23.6% |
| 4月27日 | 54.6% | 23.1% | 22.3% |
| 《观点一致》指数 | | | |
| 3月23日 | 78% | | |
| 3月30日 | 76% | | |
| 4月06日 | 76% | | |
| 4月13日 | 80% | | |
| 4月20日 | 62% | | |
| 4月27日 | 64% | | |
| 《市场风向标》 | | | |
| 3月23日 | 68% | | |
| 3月30日 | 73% | | |
| 4月06日 | 65% | | |
| 4月13日 | 63% | | |
| 4月20日 | 66% | | |
| 4月27日 | 65% | | |

（来源：《巴伦周刊》。）

了。那天开盘前，花旗公司宣布了和旅游者公司合并的计划，结果道琼斯在开盘后的30分钟内涨了110点，但当天剩下的时间都是在下跌。最后道琼斯收盘时努力涨了49点，创造了有史以来的新的最高点。然而此时出现了很多比较大的背离。以下是4月6日这天的主要市场指数，包括上涨家数和下跌家数：

| 4月6日 | 涨（跌）的点数 | | 涨（跌）百分比 |
|---|---|---|---|
| 道琼斯 | +49.82 | | 0.55% |
| 道琼斯运输 | （−38.23） | | （−1.05%） |
| 纳斯达克100 | （−28.29） | | （−2.29%） |
| 纳斯达克综合 | （−26.26） | | （−1.41%） |
| 罗素2000 | （−3.91） | | （−0.80%） |
| 上涨家数 | 1318 | 下跌家数 | 1727 |

4月6日这天市场出了很大的麻烦。这天道琼斯收盘收在历史最高点，其他指数却低了很多。再加上我的情绪指标显示市场是过分乐观的，我决定减轻过去几个月累积起来的仓位。更进取的交易者可能在4月6日这天开始做空了，以期待第二天还是跌的。事实确实如此，道琼斯在4月7日周二下跌了76点，在4月8日周三下跌了65点。我看4月7日很像是个真实卖出日，于是我大量减仓。以下是下跌百分比：

| | |
|---|---|
| 道琼斯 | （−0.85%） |
| 标准普尔500 | （−1.05%） |
| 纳斯达克100 | （−1.93%） |
| 罗素2000 | （−1.39%） |

# 内部虚弱的市场

4月剩下的日子就是振荡、波动、没有方向。虽然道琼斯和标准普尔继续创造了几个小的新高点，但是上涨／下跌线和新高／新低都在恶化。4月24日收盘时，我已经空仓了。市场越来越糟糕，4月27日道琼斯下跌了146点。4月27日也是自1月12日的底部以来，纽约证券交易所首次出现的创造新低的股票比创造新高的股票多的状况。

5月的头两周我保持空仓。市场正在讲述自己的故事，这个故事说宽广的顶部形态正在形成中。虽然道琼斯还在创造小的新高，但是大多发生在下跌的股票比上涨的股票多的日子里。我在4月底和5月做的大部分交易都是在一天之内完成的，主要是利用了美国市场和欧洲市场的时间差（第14章会深入讨论这种交易）。我在6月4、5日才开始交易国内的市场。我在6月4日交易纳斯达克100赚了31点，也就是2.7%。这是近3个月以来的最大收益。

如果你看书很认真，你会发现我很重视不合常理的市场交易行为。对我来说，不合常理的市场交易行为意味着某天某个指数有超级大的动量，或某天指数之间出现了超级大的背离。因为纳斯达克100在6月4日之前的3个月的动量都没有6月4日的动量大，所以可以说6月4日的动量超级大。我希望在此后的3个交易日市场继续朝超级动量的方向前进，时间越长越好。

市场在6月4日以后确实是这样走的，纳斯达克100指数在随后3个交易日涨了28点。任何交易纳斯达克100股指期货的人都能赚2800美元。因为我比较喜欢和股指期货相关的基金，我就在6月4日买入了科技板块基金，并在6月5日加仓了。然而，接下来的一周的市场很弱，迫使我卖出了科技板块基金，我又100%空仓了。

## 典型的市场背离

以下是6月11日到6月24日期间道琼斯和纳斯达克100每天的净收益点数。纳斯达克100波动1点相当于道琼斯波动7点。在这期间纳斯达克100和道琼斯出现了典型的市场背离。这说明科技板块有什么重大事件即将发生。

道琼斯在6月15日崩跌了207点。很多技术派大师看见市场刺破了重要的趋势线，就认为市场在未来的几天还要下跌。我和大家一样看空，我是100%空仓的。我非常关心纳斯达克100在6月15日日内的反弹表现。当道琼斯下跌100点时，纳斯达克100指数只是从不涨不跌到微涨。但是在收盘前的一两个小时道琼斯又跌了100点，纳斯达克100只好跟着下跌了13点。相对于道琼斯的弱势，纳斯达克100的表现是正背离。

6月16日发生了一件有趣的事。前一天我还是看空的，这天我却在收盘时买入了科技板块基金。6月16日这天道琼斯和纳斯达克100

| | 道琼斯 | 纳斯达克100 |
|---|---|---|
| 6月11日 | （−159.93） | （−14.19） |
| 6月12日 | +23.17 | +1.88 |
| 6月15日 | （−207.01） | （−13.42） |
| 6月16日 | +37.36 | +37.33 |
| 6月17日 | +164.17 | +13.18 |
| 6月18日 | （−16.45） | +3.25 |
| 6月19日 | （−100.14） | +12.38 |
| 6月22日 | （−1.74） | +24.22 |
| 6月23日 | +117.33 | +38.46 |
| 6月24日 | +95.41 | +28.77 |
| **总点数** | **（47.83）** | **+131.86=道琼斯的923点** |

是典型的背离，而且这天发生了异常情况。在周一下跌了207点以后，完全可以期待6月16日周二继续下跌，但道琼斯收盘时上涨了36点。虽然这个现象让人吃惊，我还是把它理解为死猫反弹。

6月16日纳斯达克100也出现了异常情况，它上涨了37点，相当于道琼斯上涨了259点。纳斯达克100在上涨的过程中不但收复了前一天的下跌，还收复了前一周的下跌。在道琼斯下跌207点的前提下纳斯达克100的表现不简单，正因为这个原因，我买入了科技板块基金。

纳斯达克100在6月16日的强势导致6月17日涨得更高，道琼斯则上涨了164点。我把科技板块基金仓位加倍了。到了下一周，纳斯达克100还是比道琼斯强。6月19日和6月22日出现的背离都特别值得注意，这种类型的背离简直就是扯着嗓子叫你进场买入类似科技板块的产品——期货、期权、基金或股票。因此，我又加仓了科技板块基金。然后纳斯达克100狂涨到7月中旬，我太开心了。

# 另一个真实卖出日和顶部

虽然从6月中旬到7月中旬道琼斯和纳斯达克100都在狂涨，但期间的变化却没有如此明显。新的年度低点这个指标每天在70以上。罗素2000指数相当于股市的小盘股,它几乎没有跟着道琼斯和纳斯达克100上涨。《投资者商情》在7月底的调查也发出了红色警报。以下是《巴伦周刊》7月20日和7月27日刊登的调查结果:

|  | 7月20日 | 7月27日 |
| --- | --- | --- |
| 看涨 | 52.0% | 54.3% |
| 看空 | 24.0% | 23.3% |
| 修正 | 24.0% | 22.4% |

看空的数字最后一次低于25%还是在4月初的时候。根据上涨／下跌线的数值,股市到了顶部。因此,只要情绪指标是超级乐观的,加上市场内部有分歧,我再碰到真实卖出日就可以平仓了。我没有等多久,指数在7月21日和7月23日的表现已经证明了这点。

|  | 7月21日 | 7月23日 |
| --- | --- | --- |
| 道琼斯 | ( −1.13% ) | ( −2.15% ) |
| 标准普尔 | ( −1.60% ) | ( −2.09% ) |
| 纳斯达克100 | ( −2.31% ) | ( −1.73% ) |
| 罗素2000 | ( −1.25% ) | ( −1.90% ) |

我在7月21日收盘前平掉了一半的仓位,当时道琼斯的点位是9190.9。我在7月23日收盘前平掉了剩下来的一半仓位,当时道琼斯的点位是8932.89。道琼斯在7月17日创造了历史性新高,然后市场很快就发生了屠杀,所以我认为7月20日这周确实让人感到不安。这周每天都在下跌,从7月22日开始出现了相对的新低,我在周末前空仓了,真是开心。

## 病态的市场

如果以前一直可靠的某个模式突然失效了,那么你就应该明白前面有危险。7月27日这周我很喜欢的两个交易模式都失效了。它向我发出了警告，市场内部的动力正在改变，熊市即将浮出水平线。之后的一个月，道琼斯下跌了1300多点，相当于下跌了15%。

7月27日这天道琼斯在盘中下跌了70点，但是在收盘前反弹了，收盘时涨了90点。纳斯达克100也是同样的价格反转，先下跌了30点，然后收盘时涨了18点。多年来，我依靠这种V形底向上反转模式或收盘前反转模式赚了很多钱。正常情况下，在随后几天总是会有持续的买盘。因为我相信交易者的交易风格一定具有持续性，我没办法，只好多买点。考虑到市场在上周连续下跌了几天，现在7月27日又出现了反转模式，我很有信心。

看样子我是过度自信了。第二天道琼斯就下跌了93点，这次反转模式彻底失败了。7月28日一整天道琼斯都是下跌的，根本看不出反弹有任何延续的迹象。这件事告诉我市场内部一定有严重的问题。

7月30日周四，纳斯达克100指数出现了异常情况，它上涨了3%。其他科技指数，像摩根斯坦利高科技指数则上涨了接近4%。这是7月初以来科技板块上涨动量最好的一天。但是我并没有像过去那样在7月30日根据动量模式买入。虽然价格波动是异常现象，但7月27日V形底反转模式的失败让我心有余悸。这是好事，因为7月31日周五道琼斯下跌了143点，纳斯达克100又跌回去了。

8月3、4日是8月的头两个交易日，道琼斯一共下跌了396点。从7月17日到8月4日，道琼斯一共下跌了900点。似乎熊市又来了，我也是看空的。然而到了8月15日周三，我又在买入了。因为市场又出现了一个典型的收盘前反转模式。8月5日的反转打消了7月27日反转失败的阴影。请看图12.2，8月5日这天道琼斯下跌了72点，离收盘只有30分钟。然后道琼斯惊人地反转了125点，收盘时涨了59点。当天收盘后我算了一下，第二天继续上涨的可能性很大。

这次的反转模式和以前一样是有效的。道琼斯在8月6、7日都是收盘上涨的。虽然我在每次反转时买的是共同基金，但日内交易者最好买入股指期货、指数期权或股票。7月27日和8月5日的反转都是很好的例子。当7月28日市场没有继续反转时，期货交易者可以在当

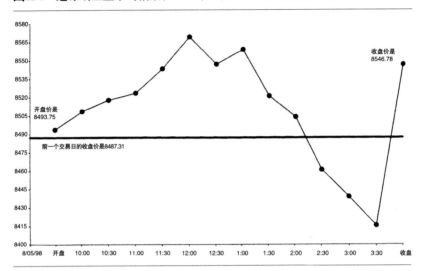

图12.2　道琼斯工业平均指数，1998年8月5日——半小时价格图

天平仓。然而基金交易者是没有办法当天快速平仓的，他们要等到当天的收盘价附近才能平仓。

对于8月5日的反转，8月6、7日也出现了买入机会，只是8月7日道琼斯收盘时比当天的最高点低了100点，日内交易者可以选择在下跌100点时平仓。

简单讲讲收盘前反转然后又遇到下跌的情况。这种情况通常发生在道琼斯和标准普尔上面。反转后的几天，一般是科技板块领先。正因为有这个想法，所以我一般是在收盘前反转时买入科技板块。我在8月5日也是这么玩的，我买入了科技板块基金。我在8月7日收盘前平掉了一半的仓位，这是因为道琼斯在收盘前跌了接近100点，我不喜欢这种下跌。我在8月10日周一把剩下的一半仓位也平掉了。市场在一整天的大部分时间都是上涨的，但是在收盘前的两三个小时开始卖出，收盘时轻微下跌了。

我在8月21日的交易行为说明了真正的V形底向上反转模式和收盘前反转模式应该是什么样子。由于各种原因，8月21日这天有人在恐慌性地卖出，很多海外市场都在快速下跌。德国股市收盘时跌

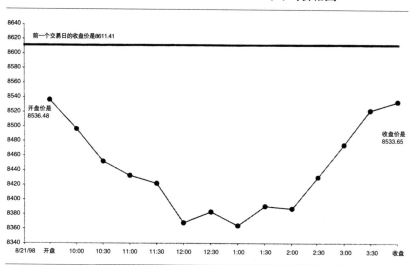

图12.3　道琼斯工业平均指数，1998年8月21日——半小时价格图

了5%，巴西股市在盘中跌了10%，只好暂时停盘。我的一些情绪指标出现了几十年都没见过的悲观水平。比如说芝加哥期权交易所看跌／看涨比率是1987年12月以来的最高数值；《观点一致》指数是19%，是1994年以来最悲观的数值。

正如图12.3所示，8月21日盘中跌了244点以后，道琼斯开始大力转头并在收盘时只跌了77点。然而这还算不上V形底向上反转模式或收盘前反转模式。要想确认这两种模式，道琼斯必须上涨收盘或收盘时跌得不多。我见过很多像反转但不是反转的模式，道琼斯在盘中大涨，但是到了收盘时还是下跌的。实际上我还买过，然后又后悔不已。相对于8月21日的反转，标准普尔和纳斯达克100在随后两个交易日的上涨很弱，然后8月26日和8月31日道琼斯又下跌了接近1100点，微薄的收入都化为乌有。

# 上涨成交量为9∶1的日子

9月的市场很混乱，尤其是道琼斯和标准普尔500没有包含的小盘股更是如此。我则通过交易欧洲基金熬了过来，我会在第14章讨论这个。不过我在9月还是有一笔糟糕的交易。道琼斯在9月18日飙涨了380点。在这个过程中上涨成交量和下跌成交量的比是10∶1。成交量比率大于9∶1的情况很少见，一般会被认为是超级动量在推动市场。

马蒂·兹威格在《赢在华尔街》中用几页纸去解释上涨成交量为9∶1指标[1]。他说："历史上的每个大牛市和很多中期的上涨前都有一个或多个（成交量为）9∶1大量买入的日子。"两个9∶1的日子比一个9∶1的日子要重要，而且两个9∶1的日子最好发生在3个月内。

1982年8月17日的上涨成交量和下跌成交量比率是最大的，而这正是每个人一生中最大牛市的开始。和过去几十年不同了，90年代的上涨成交量为9∶1的现象很少见，1998年10月以前则没发生过在3个月内出现两次上涨成交量为9∶1的日子。

1998年9月8日发生了上涨成交量为9∶1，这是1994年4月4日以来的第一次，因此我把9月8日的波动当做是超级动量模式和异常交易模式，就在收盘前建仓了。但事实上我错了。9月9日并没有上涨，而是下跌了155点，9月10日又跌了249点。我并没有等到9月10日，我在9月9日就平仓了。作为交易者，我进场时一般都是期望动量会持续推动上涨，如果我的期望落空了，我立刻出场——不再等待、不再期望、不再祈祷。

我总是认为上涨成交量为9∶1的日子是很猛的，在短期内价格一定会上涨。但是9月8日的上涨成交量为9∶1却并非如此，因为在随后的30天道琼斯跌了几百点。这次失败迫使我在出现了上涨成交量为9∶1的信号后还要去检查道琼斯在20天后和60天后的表现。

讲了很多上涨成交量为9∶1这个指标。1998年9月8日的信号是唯一有用的信号，不过要到以后才能明白这点，因为在10月15日又出现了第二个上涨成交量为9∶1的信号。如果只有一个上涨成交量为9∶1的信号，下次我的仓位要轻点。正如马蒂·兹威格在《赢在

---

注释

①兹威格，《赢在华尔街》，第86~91页。

| 日期 | 上涨/下跌比率 | 道琼斯 | 20天后 | 60天后 |
|---|---|---|---|---|
| 1990年5月11日 | 21.20∶1 | 2801.58 | 2892.51 | 2710.64 |
| 1990年8月27日 | 11.00∶1 | 2611.63 | 2485.64 | 2530.20 |
| 1991年2月11日 | 10.05∶1 | 2902.23 | 2922.52 | 2930.90 |
| 1991年8月21日 | 11.50∶1 | 3001.79 | 3024.37 | 3063.51 |
| 1994年4月05日 | 12.46∶1 | 3675.41 | 3697.75 | 3624.96 |
| 1998年9月08日 | 10.52∶1 | 8020.78 | 7742.98 | 9064.54 |

华尔街》指出的，更多的向上推动才能保证上涨的概率，如果在3个月内出现了两次或更多的上涨成交量为9∶1，那就最好了。

# 公用事业板块和情绪指标发出了预警

1998年9月道琼斯公用事业板块的反转引起了我的注意，公用事业指数从9月初到10月的第一周上涨了18.5%。我在前面讨论过，公用事业板块这个指标一般总是领先于整个股市，只是大市会慢几个月。整个股市看起来很可怕，很多专家都在大喊道琼斯还要跌1000点到2000点。

不同调查服务公司的情绪指标也反映了专家们的悲观情绪。一年多以来，《投资者商情》上面的空头比率第一次出现了连续5周比多头比率高。《观点一致》的情绪指标的数值在十几的高点和二十几的低点跳动——这些数值是超级看空的。《市场风向标》在10月第一周的指标数值跌到了23%，90年代就没出现过如此低的数值。更重要的是大熊基金的资金量是新星基金资金量的3倍多。我只要看见动量有变化我就开始做多。

# V形底向上反转

我会永远记得1998年10月8日标准普尔的底部。从10月8日到12月底我赚了10万美元，这是我赚得最多的3个月。这一切都开始于10

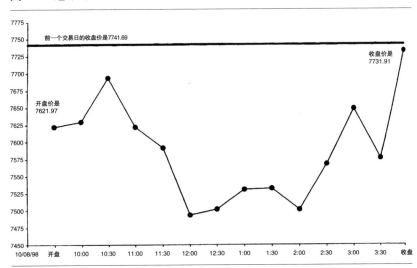

**图12.4 道琼斯工业平均指数，1998年10月8日——半小时价格图**

月8日的收盘前V形底向上反转模式。你从图12.4可以看出，当天道琼斯跌了274点，然后它疯狂反弹，在收盘时只涨了9点。实际上，在收盘前的几分钟道琼斯已经进入赚钱的区域了。道琼斯在最后半小时涨了155点，这非常值得关注。

我过去的交易经历已经说明了，如果价格下跌了一段时间后出现了收盘前反转，我就会去交易。我们也看见了，V形底向上反转模式不是圣杯，但只要它是有效的，那么它通常发生在市场创造明显低点的时候。

我在10月8日收盘前建仓了科技板块基金，因为我发现科技板块在V形底向上反转后的表现最好。10月9日的表现确实如此，道琼斯飙涨了167点，科技板块为主的纳斯达克100指数涨得更多，差不多涨了70点，相当于道琼斯涨了490点。

## 市场中的雷声

10月9日的烟火表演仅仅是小节目，大节目在10月15日这天。美联储在这天出人意料地降低了贴现率，道琼斯向上跳了330点，最后一小时涨了200多点。上涨成交量比率是8.73∶1，这个数字很接近于9∶1，这表明在90年代我们第一次看见了两个上涨成交量为9∶1的日子。

我对10月15日的交易特别认真。如果我这辈子有一次机会是买入、买入、再更多地买入，那么这个机会就是10月15日。让我感到震惊的是，在降低贴现率、市场动量向上爆炸之后，很多交易者和分析师竟然不相信市场。他们看空的逻辑是艾伦·格林斯潘和美联储一定是知道了有什么糟糕的事情正在发生，降低贴现率是为了防止某家对冲基金破产，或是为了防止某个第三世界国家赖账。

10月15日之后的动量很惊人。标准普尔从10月9日到10月15日5个交易日内涨了9.18%。这是1960年以来排名第六的动量推动力。我

表12.2　5日动量

| 标准普尔<br>5日收益 | 结束日期 | 3个月后 | 6个月后 | 12个月后 |
|---|---|---|---|---|
| +14.12% | 1974年10月11日 | +2.06% | +18.33% | +24.21% |
| +12.33% | 1987年11月02日 | 不变 | +2.27% | +9.11% |
| +11.84% | 1970年06月01日 | +3.99% | +12.37% | +28.72% |
| +11.55% | 1982年08月23日 | +14.48% | +26.42% | +40.18% |
| +10.67% | 1982年10月11日 | +8.41% | +15.37% | +26.67% |
| +9.18% | 1998年10月15日 | +18.69% | +26.29% | 找不到 |
| +7.79% | 1962年07月03日 | −0.59% | +12.79% | +23.80% |
| +7.69% | 1975年01月29日 | +10.84% | +14.14% | +29.57% |
| +7.58% | 1974年09月20日 | −4.61% | +19.20% | +22.44% |
| +7.41% | 1997年05月05日 | +14.56% | +11.71% | +31.90% |

们必须尊重超级动量推动的上涨。表12.2是丹·沙利文1998年10月15日发表在《图表派人士》[①]上面的内容，虽然他提供了信号，但是在当时并没有及时提供出来。虽然本书谈的是短线交易，但是不否认5日动量指数在随后6个月和12个月产生的收益是很可观的。

请永远记住市场最牛的做法就是通过超级动量上涨。有很多人担心这种超级力量是市场即将进行修正的预兆。从过去的历史表现来看，超级力量只会导致更多的力量。如果市场是像1998年10月8日以前那样先下跌了一段时间，随后动量的爆发会导致更猛的结果。市场完全按照10月动量推动的方向走，道琼斯在10月15日和11月23日之间涨了1000多点，且到达了几个历史新高。

# 另一个真实卖出日

我在1998年11月赚了5.9万多美元，当时是赚得最多的。不过到了11月30日好日子就到头了，市场出现了自10月8日底部以来的第一

| | |
|---|---|
| 道琼斯 | （−2.32%） |
| 标准普尔 | （−2.40%） |
| 纳斯达克100 | （−4.32%） |
| 罗素2000 | （−1.08%） |

个真实卖出日。几个主要的指数在11月30日的下跌百分比如下：

虽然我自己也很不愿意，但是纪律要求我把过去7周建立起来的仓位平掉一部分。道琼斯在11月30日的收盘价是9116。在纳斯达克100的带领下，12月3日差不多跌了1%，12月14日跌了1%，都算是1%真实卖出。到了12月14日收盘时，我已经是100%空仓了。从11月30日收盘到12月4日收盘，道琼斯跌了420点。事后来看，这次和7月一样，1%真实卖出原则在正确的时间让我出场了。

还有其他原因要求我关注12月的市场。《投资者商情》连续10周看涨的人都在增加。这种事情在1963年以后就没发生过。看涨的

注　释

①《图表派人士》业务通讯邮件，1998年10月22日，第03页。

人达到了57.9%，这是1992年以来最高的数据。更糟糕的是，道琼斯从11月底的9374点下跌到12月14日的8700点以下，看涨的人还是保持在55%。似乎没有一个人认为下跌是真实的，反向思考，那么就要看空。

由于当时是感恩节到1月初的头5个交易日期间，通常这段时期的市场很强势，但我还是很高兴地100%空仓，我甚至期待市场再往下跌一点。事后来看，我当时忽略了道琼斯和纳斯达克100之间的正背离。看看你是否能发现这两个指数在12月1日和11日的背离，在此期间，纳斯达克100波动1点相当于道琼斯波动6点。

| | 道琼斯 | 纳斯达克100 |
|---|---|---|
| 12月01日 | +16.99 | +74.57 |
| 12月02日 | （−69.00） | （−13.44） |
| 12月03日 | （−184.86） | （−45.31） |
| 12月04日 | +136.46 | +56.23 |
| 12月07日 | +54.33 | +46.88 |
| 12月08日 | （−42.49） | （−8.73） |
| 12月09日 | （−18.79） | +17.22 |
| 12月10日 | （−167.61） | （−32.62） |
| 12月11日 | （−19.82） | +22.25 |
| **总点数** | **（−294.79）** | **+117.05＝道琼斯的702点** |

正如你看见的，纳斯达克100和道琼斯之间出现了认真而明显的背离。从某种程度上说，这种背离太重要了，我应该在科技板块建仓才对。

我在12月17日收盘前建仓了科技板块基金。12月14日周一是真实卖出日，但随后指数快速反转并弥补了12月14日的下跌。在12月17日买入科技板块是不用动脑子的事——不仅仅是因为过去两周出现了背离，而且在12月17日这天又出现了超级背离。道琼斯当天向下跳了85点，但是纳斯达克100却很强，它涨了32点，相当于道琼斯涨了192点。周五科技板块的表现比我想象的还要猛。道琼斯涨了37

点，纳斯达克100涨了45点，这相当于道琼斯涨了270点。

12月剩下来的两周对我有利，纳斯达克100继续涨了100多点。我在前面讲了很多次，交易者在挖掘纳斯达克100背离的时候有几个选择。激进的交易者可以交易纳斯达克100股指期货或纳斯达克100指数期权。像我这样比较保守的交易者可以交易像瑞德克斯OTC基金这样的科技板块基金，它们和纳斯达克100是一致的。

# 按照自己的想法交易的危害

过去10年间我有很多次像1999年1月一样和市场不同步。因为我的感知过滤器的原因，我当时很看空。《投资者商情》上面看涨数值超过了60%，这个水平是1987年崩盘以来没见过的。证券看跌／看涨比率达到了几年内的超级乐观水平。股市看起来很恐怖，对于互联网股票的疯狂已经到了无法控制的地步。我想在1月应该要认真地卖出了。

1月根本没有我想象中的卖出情况。虽然道琼斯和标准普尔在1月基本上是横盘的，但纳斯达克100吼叫着涨到大气层去了，它涨了291点，也就是涨了15.86%。还好我没有按照自己的想法交易，而是让市场去说话。我在1月赚了1.4万美元。如果我更积极点，我的利润应该更多。不过考虑到我当时是如此地看空，我还是要感谢我的幸运之星。

让我看空不做空的原因就是我在观察市场的背离，这点救了

| | 道琼斯 | 纳斯达克100 |
|---|---|---|
| 1月04日 | +2.84 | +18.38 |
| 1月05日 | +126.92 | +48.61 |
| 1月06日 | +233.78 | +60.95 |
| 1月07日 | （−7.21） | +2.30 |
| 1月08日 | +105.56 | +7.41 |
| 1月11日 | （−23.43） | +26.52 |
| 总点数 | +438.46 | +164.17=道琼斯的820.85点 |

我。1月头6个交易日期间科技板块明显的是强势，哪怕只看见头2个交易日是超级背离的，那么就要建仓科技板块了。

# 再谈谈交易模式

在1999年1月，除了V形底向上反转模式和周五到周一动量中断模式，还有值得关注的其他活动情况。我在前面讲过我不重视市场在某天强势上涨后出现的V形底向上反转。1月15日、19日和20日的交易行为是一个很好的例子。1月15日周五道琼斯涨了219点。之后的交易日是1月19日周二（周一假日休市），空头进场把道琼斯打压了120点。你从图12.5可以看出，当天晚些时候出现了典型的收盘前V形底向上反转模式，道琼斯收盘时涨了14点。如果前一个交易日是下跌的，我肯定会在V形底向上反转时进场买入。但是1月15日已经涨了219点，所以我决定观望。

**图12.5　道琼斯工业平均指数，1999年1月19日——半小时价格图**

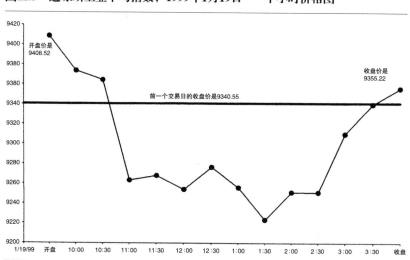

请看图12.6，在1月20日早盘还是有习惯性的买盘，期间道琼斯涨了100多点。然而到了晚些时候市场急转而下，收盘跌了19点。我

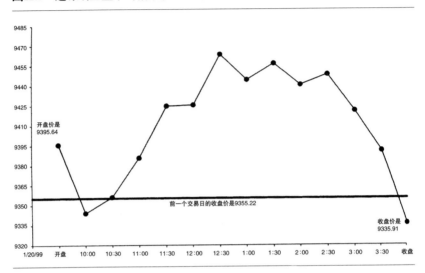

**图12.6 道琼斯工业平均指数，1999年1月20日——半小时价格图**

再次重申，对于一天或连续几天强势市场后出现的V形底向上反转要特别小心。

你可能会想我会不会建议在像1月20日这样的收盘前下跌向下反转时做空。顺便说一下，随后的两个交易日道琼斯分别下跌了71点和143点。虽然1月20日的下跌向下反转模式被证明是有用的，但过去的市场并没有证明这个模式是赚钱的。

几天后的1月25日则出现了周五到周一动量中断模式。1月22日周五道琼斯收盘跌了143点，因此我们期待在1月25日周一继续下跌。周一这天大部分时间道琼斯确实是下跌的，在不涨不跌到跌20个点之间振荡。但是请看图12.7，收盘前的上涨又把市场抬高了，道琼斯收盘涨了82点。

1月25日的动量中断模式和收盘前上涨模式叫我们买入，以期待第二天继续上涨。道琼斯像钟表一样有规律，1月26日周二狂涨了121点。更厉害的是纳斯达克100涨了65点。因为纳斯达克100在上一周的卖出中就表现得很强势，所以我在1月25日买入了科技板块。

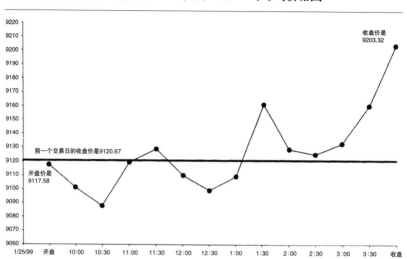

图12.7 道琼斯工业平均指数，1999年1月25日——半小时价格图

# 市场永远是对的

我之前说过的，我现在再说一遍：市场自身的波动才是最重要的。或是本顿·戴维斯讲的："股市永远是对的，股市永远用最好的方式讲述自己的故事。"[1]

戴维斯的话在1999年头4个月是很有预言性质的。很多老交易者都被1999年初的市场完全迷惑了，很多可靠的指标都说市场即将出现严重的前所未有的修正行为，建议空仓。我也是超级看空的，但我知道要听市场的话，该做多时就做多，只是有点保守而已。

1999年2月出现了修正行为，科技板块下跌比较明显。自从1985年以来，我很少亏损，2月算是一次亏损。平均而言，从1985年开始，我在20个月中只有1个月是亏损的。虽然亏损是不可避免的，可有时候我还不太愿意接受这个现实。我大部分的亏损并非是因为我和市场不同步，而是因为心理上犯错了，比如在该动手的时候不敢

注 释

①戴维斯，《道1000》，第48页。

动手，或是过度交易了。关键还是要尽量把亏损限制在最小。我和过去一样，我在2月的亏损不到2000美元。

1999年3月的第一周市场有了动作。道琼斯在2月的大部分时间卡在9200点到9400点之间，虽然它在2月底向上突破了，但很快又跌到了震荡区间的下边缘，似乎向下突破是迟早的事。

利率在稳步上涨，2月是债券市场10年来最差的一个月。我正在使用的很多感知过滤器和技术指标都发出了红色警报。比如，公用事业背离指数（请看第10章的道琼斯公用事业平均指数）碰到了-25%，这是很危险的水平。大众／专业公司做空比率出现了20年间少有的看跌数值。上涨／下跌线继续恶化，即将刺破10月的最低点。市场几乎每天创造新低的股票都比创造新高的股票多很多。

有一个技术派人士在业务通讯邮件中写道：虽然几个比较流行的市场指数都在相应的最高点附近，但纽约证券交易所动量指数（上涨家数减去下跌家数的结果的200天均值）跌到了25年来的最低点。基本派人士也表示担心，他们说根据过去的方法，利用净值、市盈率和股息率能判断出市场被超级高估了。很自然地在3月初，几乎所有的专家和电视财经频道都在大喊市场指数即将下跌5%～10%。

我于3月2日、3日在网上论坛帖出了我的担心。我说连最看多的人都空仓了，他们都在等待即将到来的修正。但我认为市场不太可能按照每个人的意思——包括我在内——而下跌的。任何空头消息，比如3月5日的失业报告，它的结果都是导致资金积极地钻回股市。真正让我焦急的是，虽然到处都是负面的消息，但市场却像石头一样硬地坚持着。如果每个人都希望崩盘，那么市场就不会崩盘。

我在1999年3月失去了过去对我的成功一直有帮助的两个特点：敏捷和灵活。事情都发生在3月3日，我是看空的，我也知道每个人都在看空。所以我特别关心市场，我要看看是不是有什么行为导致价格上涨，然后又会有更多的交易者疯狂地进场买入，推高价格。

3月3日收盘前的半小时发生了我期待的价格波动。早盘的市场跌破了空头们认为的关键点位，然后市场又在收盘前涨回来了。真正让我关注的是纳斯达克100，在最后30分钟内这个指数从下跌10点变成了上涨11点，共21点的变化。

我认为空头在3月3日是有机会的，但他们却不能让市场下跌。根据收盘前的快速上涨，我认为市场即将反弹。所以我决定在下午4：00收盘前给我的经纪人打电话下单。但是我没办到，我突然怯场了，把电话挂了。我通常动作是很快的，但是那天我不在状态。

我在3月3日没有果敢行动是很糟糕的，市场从3月4日开始强势上涨，收盘涨了190点。在过去，我能立刻跳进市场抓住超级动量带来的机会，但是我在3月3日不够敏捷。到了3月4日，又因为我不够灵活，我还是没买入。虽然我心里知道3月5日即将公布的失业报告是双赢的结果，但我还是比较担心。我的意思是说因为市场的预期本来就很差了，如果失业报告还是不尽如人意的，市场也可以缓一口气后再上涨。当然了，如果失业报告是积极的，那么市场就要飙涨。

让我伤心的是，3月5日公布的失业报告太让人兴奋了，道琼斯飞涨了268点。我不够敏捷，让我错过了3月4日道琼斯190点的上涨；我不够灵活，让我错过了第二天268点的上涨。所以我做了优秀交易者在这种情况下应该做的事：我在3月5日收盘前进场了。

现在暂停一下，想想我在3月5日做了什么，并问问你自己你能做到吗？我在市场两天涨了459点的前提下进场了。大部分交易者很难做到这点。他们认为在这种上涨的前提下追涨太危险了，因为某种回调是必然的。事实上在超级动量之后不进场才是真正的危险。

之后两周道琼斯又涨了几百点，纳斯达克100更强，涨了4%。我在此期间内赚了几千美元，但是到了3月19日收盘，我又100%空仓了。3月19日周五所在的这周是三巫周，当天早盘道琼斯涨了60点，但收盘时跌了90点。我又开始看空了，并认为3月19日的顶部是很明显的。

两个交易日后的3月23日，道琼斯跌了218点。纳斯达克100跌得厉害，跌了66点，相当于道琼斯跌了330点。我为自己是空仓的而感到兴奋，并希望市场再跌猛点。

3月24日发生了有趣的事。道琼斯变化不大，只跌了4点，纳斯达克100却狂涨并收复了前一天下跌的66点。3月23日下跌后的异常动量等于是在大声呼喊科技板块要表现了，可我还是不够敏捷，我在3月24日这天还是不能从心理上让自己进场。随后的交易日纳斯达克100跳涨了70多点。

我在3月犯的错误比过去两年犯的错误还要多，不过我在3月的利润还是接近于1.2万美元。我在3月3日、4日、24日因为动作慢错过了动量带来的大部分利润，但至少我知道不要坐在原地自怨自艾。我没有坐在那里后悔已经错过的机会，而是尽快地再次进场了。我知道，不管我是多么地看空，市场永远是对的，市场永远用最好的方式讲述自己的故事。请永远记住，交易者随着市场的变化而做出反应，他们不预测，不期望。区分优秀交易者和普通交易者的地方就是他们的反应速度。

# 愚人节愚弄空头

3月29日道琼斯第一次收盘站上了10000点。它在3月30日和31日下跌了200点，收盘在9786点。很多分析人士认为4月是看空的：上涨／下跌线跌破了10月的最低点；道琼斯和上涨／下跌线形成了有史以来最严重的负背离；华尔街认为不断恶化的上涨／下跌线最终会拖垮道琼斯和标准普尔。另外一个看空的原因是纽约证券交易所和纳斯达克交易所创新低的股票每天都超过了创新高的股票。道琼斯运输指数的持续下跌也会对道琼斯新的高点造成威胁。

业务通讯邮件撰写者们对道琼斯收盘在10000点以上发表了辩论，都认为道琼斯和1996年的1000点、1906年的100点是相似的。那些历史学家的观点是，既然道琼斯花了那么多年才突破1000点和100点，那么也要很多年才能最终突破10000点。

4月5日周一道琼斯涨了174点，收盘时第二次站上了10000点。这次上涨让人印象深刻，因为创新低的股票比创新高的股票多，上涨的家数也只是勉强比下跌的家数多。我对市场也不是很有信心，但既然它涨了，我没办法，只好买入。

4月7日又是强势上涨，这次道琼斯自信地收盘在10000点以上，收盘价是10085点。这次上涨看起来还不如周一的上涨，69只股票创造了52周新高，113周股票创造了52周新低。虽然看起来很糟糕，我还是没办法，只好加仓。

# 又是预警

4月9日是关键的日子——至少说明了本月剩下来的日子市场该怎么走。以下是几个主要指数的净变化：

| | 道琼斯 | 标准普尔 | 纳斯达克100 | 罗素2000 |
|---|---|---|---|---|
| 4月09日 | （−23.86） | +4.37 | +7.72 | +5.97 |

和其他指数相比，罗素2000显得很强。我这次动作又快了，我买了一些小盘股基金。期货交易者可以买入罗素2000股指期货合约，期权交易者可以买入罗素2000指数期权。如果想知道小盘股罗素2000指数是不是在酝酿什么，请看后面5个交易日的表现：

| | 道琼斯 | 标准普尔 | 纳斯达克100 | 罗素2000 |
|---|---|---|---|---|
| 4月12日 | +165.67 | +10.29 | （−13.26） | +6.46 |
| 4月13日 | +55.50 | （−8.82） | （−44.03） | +4.92 |
| 4月14日 | +16.65 | （−21.38） | （−76.22） | +0.15 |
| 4月15日 | +51.06 | （−5.58） | +32.18 | +0.35 |
| 4月16日 | +31.17 | （−3.86） | （−49.35） | +3.84 |

如果说4月9日是罗素2000的关键日，那么4月12日就更是道琼斯的关键周。和标准普尔、纳斯达克100比，道琼斯的正背离更明显。这种背离是不能被忽略的。由于我过去几周累积的仓位都是科技板块的，我在4月12日把大部分仓位都平掉了。

4月12日这周的波动表明资金从科技板块流向了道琼斯所在的股票板块。此时交易者要关心和道琼斯相关的品种——也就是道琼斯包含的股票、道琼斯股指期货、期权、共同基金或美国证券交易所的道琼斯钻石指数型股票。

# 没人相信的上涨

作为一个有33年经验的交易者，我能看见大部分消极情绪，所以我在4月赚了1.9万多美元。正是消极情绪才让我的仓位比平时要重。道琼斯在4月涨了1002点，也就是涨了10.2%。这是自1987年1月以来最大的一次上涨，1987年1月上涨了13.8%。

标准普尔100指数的看跌／看涨比率的数值很高，这很惊人，而道琼斯则越来越高。没人相信会涨。以下是从4月7日到4月19日每天的标准普尔100指数的看跌／看涨比率和道琼斯的变化：

|  | 道琼斯 | 标准普尔100指数的看跌／看涨比率 |
| --- | --- | --- |
| 4月07日 | +121.82 | 1.64 |
| 4月08日 | +112.39 | 1.68 |
| 4月09日 | （−23.86） | 1.61 |
| 4月12日 | +165.67 | 1.50 |
| 4月13日 | +55.50 | 1.42 |
| 4月14日 | +16.65 | 2.14 |
| 4月15日 | +51.06 | 1.64 |
| 4月16日 | +31.17 | 1.66 |
| 4月19日 | （−53.36） | 2.40 |

在这9天期间，道琼斯涨了477点，平均每天的看跌／看涨比率是1.74。正如我所说的，我从没见过在上涨的同时有如此的看空情绪。几乎每天都是创新高的股票比创新低的股票多，上涨家数比下跌家数多。不过空头还是在坚持看空。

咨询建议情绪指标和看跌／看涨比率一样让人吃惊，《投资者商情》跟踪的业务通讯邮件看空的建议当月一直大于30%。通常当道琼斯在4月短暂地上涨后，看空的建议会跌到20%～25%，甚至更低。比如，1987年1月道琼斯大涨，看空的建议低到11.8%。

在4月上涨期间，《观点一致》指数的多头保持在50%～56%。当道琼斯波动1000点时，这个数值也是史无前例的。过去当4月上涨时，《观点一致》的数值都是大于60%的。也许最让人吃惊最准确的相反观点是一个调查机构的网站lowrisk.com。他们每周会搞一个"竞猜道琼斯点位"的比赛，以下是对1999年4月看多和看空的百分比：

| 每周结束日 | 多头 | 空头 |
|---|---|---|
| 4月04日 | 18% | 54% |
| 4月11日 | 36% | 51% |
| 4月18日 | 12% | 56% |
| 4月25日 | 21% | 46% |
| 5月02日 | 33% | 46% |

这些数值就像是道琼斯下跌了1000点的数值，而实际上道琼斯在1999年4月上涨了1000点。似乎没人相信道琼斯在4月会持续上涨。这种消极情绪让市场继续上涨，道琼斯在5月第一周又涨了200点。

# 再谈谈动量和背离

我并不是在主观上刻意选择1998年和1999年初的案例来说明我的交易方法。回到过去的任何一年，你都可以找到V形底向上反转模式、收盘前上涨反转模式、超级动量日模式、周五到周一动量模式、动量中断模式、1%真实卖出日模式和背离模式。让我们一起来看看在1997年的最高点和最低点我的价格模式是如何工作的。

1997年3月11日到4月11日，道琼斯跌了9.78%。这是自1990年底的熊市以来最厉害的下跌。这次下跌的最低点在周五（4月11日），当时道琼斯跌了148点，也就是跌了2.27%。那天标准普尔和纳斯达克100指数的下跌更惨。4月11日收盘后，大家都很恐慌，担心下周一会出现和1987年10月19日周一相似的崩盘。

请看图12.8，4月14日周一还有持续的卖出，但并非是每个人想象的那样糟糕。道琼斯在前面4个半小时一直是下跌20点到30点。在最后2个小时，市场开始上涨，道琼斯上涨了90点，收盘涨了60点。

**图12.8 道琼斯工业平均指数，1997年4月14日——半小时价格图**

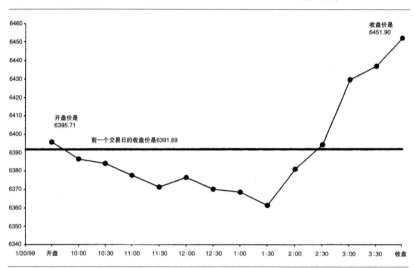

根据我的周五到周一动量中断模式和收盘前上涨向上反转模式，可以期待道琼斯和其他指数在周二继续上涨。如果市场下跌了大约一个月的时间，这种价格波动行为可以预示市场的改变。

4月15日周二趋势发生了变化，道琼斯涨了135点，周三又涨了92点。如果你观察仔细，你会发现1997年4月11日至14日的周五到周一动量中断模式和1998年1月9日至12日的周五到周一动量中断模式几乎是一样的，和1999年1月22日到25日也是一样的。

1997年4月最后一周我最喜欢的两个模式出现了，它们导致纳斯达克100指数大涨了26%，一直涨到10月中旬。从1996年6月开始，道琼斯和标准普尔中的大盘股一直在领导市场走向高处。以纳斯达克100和罗素2000指数为代表的科技股和小盘股则远远落在后面。但是到了1997年4月28日这周，市场发出了预警的铃声，很明显，新的波动将要在纳斯达克100展开。以下是纳斯达克100在4月28日这周的5日变化点数。在这期间，纳斯达克100变动1点相当于道琼斯变动8点。

这周纳斯达克100取得了惊人的11.1%的收益。这是自1987年以

142

| | 道琼斯 | 纳斯达克100 |
|---|---|---|
| 4月28日 | +44.15 | +10.82 |
| 4月29日 | +179.01 | +26.87 |
| 4月30日 | +46.96 | +18.48 |
| 5月01日 | （−32.51） | +7.38 |
| 5月02日 | +94.72 | +27.37 |
| **总点数** | **+475.62** | **+114.20 = 道琼斯的913点** |

来一周涨得最多的点数，百分比收益也是最多的。这就是超级动量模式的教科书案例。纳斯达克100和道琼斯之间还有超级背离模式。纳斯达克100在4月28日这周的超级强势引起了所有指数在夏天的巨大上涨。道琼斯在5月2日收盘时涨了16.8%，纳斯达克100和罗素2000分别上涨了26.2%和31.4%。关于我的交易，我买入了小盘股基金。（第14章谈论共同基金时再具体讲。）

正如我的交易记录所显示的那样（请看表1.1和图1.1），我从1997年5月到1997年9月的业绩很好。小盘股罗素2000指数在9月底到10月初的时候很火爆，几乎每个交易日都在创新高。然后在10月16日、17日出现了两个1%真实卖出日。以下是下跌百分比：

| | 10月16日 | 10月17日 |
|---|---|---|
| 道琼斯 | （−1.48%） | （−1.16%） |
| 标准普尔 | （−1.09%） | （−1.16%） |
| 纳斯达克100 | （−1.76%） | （−2.20%） |
| 罗素2000 | （−1.20%） | （−1.72%） |

10月17日收盘时，我已经是100%空仓了。其后一周的10月23日和24日，道琼斯跌了300多点。但这仅仅是10月27日大屠杀的前奏，道琼斯在27日经历了有史以来最严重的下跌：跌了554点。正如我在

前面讲的，1%真实卖出日是最不可靠的模式。但这次10月16日、17日的下跌就是真实的，也算是纠正了以前的错误。

# 永远不要在下跌时买入

超级强势会带来相对强势，超级弱势会带来相对弱势，我就是在这个理论指导下操作的。我在六七十年代就把这个交易原则根深蒂固地坚持下来了，所以我经常买入强势的品种，卖出弱势的品种。这就是为什么多年来我的资金曲线下跌不严重的原因。由于我从来不在下跌的市场买入，所以我也没经历过这方面的失败。

虽然卖出超级弱势的品种是我交易原则的一部分，但这并不代表我不知道在过去几十年中超级弱势也是极好的买入机会。维克托·尼德霍夫针对1988年到1996年的研究[1]表明：如果标准普尔股指期货某天下跌了4~5点，那么第二天和随后5天的收益分别是0.68点和2.74点；如果某天下跌了5点以上，那么第二天和随后5天的收益分别是0.37点和2.91点。这个研究告诉我们，如果某天的市场超级弱，吓得平仓是不明智的。

以下是一项研究，它研究了从1950年开始的道琼斯的8个最糟糕的日子以及随后市场的表现：

|   | 日期 | 变化% | 第二天 |
|---|---|---|---|
| 1 | 1987年10月19日 | −20.5 | +5.3 |
| 2 | 1987年10月26日 | −8.3 | +2.4 |
| 3 | 1997年10月27日 | −6.9 | +5.1 |
| 4 | 1988年01月08日 | −6.8 | +1.7 |
| 5 | 1962年05月28日 | −6.7 | +4.6 |
| 6 | 1955年09月26日 | −6.6 | +2.3 |
| 7 | 1998年08月31日 | −6.4 | +3.8 |
| 8 | 1989年10月13日 | −6.1 | +2.8 |

注 释

[1]尼德霍夫，《投机者养成教育》，第121页。

再次说明在超级弱势时卖出并不是非常可靠的策略。以下是道琼斯超级弱势的日子，以及此后一两天的表现。

| 日期 | 下跌（点数） | 第二天 | 第三天 |
|---|---|---|---|
| 1998年01月09日 | −222.20 | +66.76 | +84.95 |
| 1998年06月15日 | −207.01 | +37.36 | +164.17 |
| 1998年08月04日 | −299.43 | +59.47 | +30.90 |
| 1998年08月27日 | −357.36 | （−114.31） | （−512.61） |
| 1998年08月31日 | −512.61 | +288.36 | （−45.06） |
| 1998年09月10日 | −249.48 | +179.96 | +149.85 |
| 1998年09月17日 | −216.01 | +21.89 | +37.59 |
| 1998年09月30日 | −237.90 | （−210.09） | +152.16 |
| 1998年11月30日 | −216.53 | +16.99 | （−69.00） |
| 1999年01月14日 | −228.63 | +219.62 | +14.37 |
| 1999年03月23日 | −218.68 | （−4.99） | +169.55 |

不管上面的研究结论如何，简单说就是在超级弱势的交易日被洗出来的代价不大。超级弱势的交易日总会带来强势的交易日。如果我用纳斯达克100代替道琼斯计算，结果也是相似的。纳斯达克100严重下跌后，它的反弹速度比道琼斯快，反弹力度比道琼斯大。

你可能在想，既然我是一个灵活的交易者，为什么我还用这个无可辩驳的傻瓜策略在弱势时卖出呢？我这么做的原因是我在真正的崩盘到来前趁着弱势平仓而已。换句话说，崩盘前一般都是有预兆的，我在预兆出现时平仓。通常会有几天或几周的时间把市场引向卖出高潮。我就是在这样的弱势出现时平仓。比如，上表中道琼斯有11次大跌，我几乎每次都是100%空仓的，只有1998年11月30日和1999年1月14日例外。

# 直觉常常是错的

交易和直觉常常是反的。有时候直觉上感觉是对的，但实际是错的。我在1999年3月到4月的几笔交易都是如此。还记得我说对3月初是看空的吗？我有1001个看空的理由，但是我发现，无论我多么看空，市场迟早要涨上去。通常情况下，无论我多么看空市场，我还是选择跟随市场，可惜我在3月初没做到这点。虽然这听起来是个很轻率的交易策略，但是多年来它帮我赚了很多。

# 当动量不在时

偶尔有人问我，像我这样的动量交易者如果遇到了动量不存在的情况，那会如何。这不是问题——我更多的是依靠第09章到第11章讨论的感知过滤器，我依靠动量模式较少。

动量会永远消失吗？学院派人士在70年代就说市场没有动量了，哪里也去不了。作为一个70年代过来的人，我告诉你，市场不是横盘的，也不是没有趋势的，不要相信别人的误导。

也许有一天我们会碰到熊市——不是1987年10月、1990年8月到10月或1987年7月到9月那样两三个月的小熊市，而是更大的熊市。振作起来吧，熊市提供的机会正是每个动量交易者的梦想。

第13章

# 资金管理

本书看起来和其他交易书差不多。学院派人士会指出本书的一大缺点是没有谈到资金管理。人们常说区分赢家和输家的技术就是优秀的资金管理技术。

过去14年，我在亏损月的亏损额不超过2000美元——我的账户价值几十万美元，我交易的是共同基金和股指期货。你可能会觉得既然我有这么好的交易记录，那么我对资金管理一定会有很高深的见解。但是对我来说，资金管理无非就是纪律和如何限制风险——也就是说不要过度交易，要截断亏损，让利润奔跑。我很抱歉，我想这些东西是无法被编成机械公式的，但是很多交易书会让你以为可以编成公式。

如果你想成为成功的有纪律的交易者，你必须在生活中的方方面面锻炼你的纪律性。以我为例，我从1978年就开始跑步，虽然我没有做到天天跑，但我一周会跑5～6次。很多时候我直到晚上很晚了才去跑步。如果是在冬天，条件就艰苦多了。我想我这么多年有纪律地去跑步对我的交易是有帮助的。

我觉得纪律和资金管理是无法传授的，但是可以主动学到。无论如何，纪律来自内部。我在1985年春天设定好目标之前，从来就不是一个有纪律的交易者。我的目标就是要成为一个有纪律的交易者。我现在已经是一个有纪律的交易者了，我每年都在赚钱。有纪律的交易者可以控制他们的利润和亏损，他们可以选择何时交易，如何交易。有纪律的交易者不愿意被市场控制，他们能控制市场。

正如你所见，我会交易不同的动量模式。我在交易这些模式的时候不会说什么"如果"、"而且"、"但是"。要么市场立刻让我赚钱，要么我就平仓。还有比这更简单的资金管理策略吗？我如果在周五因为超级强势买入了，但是周一并没有上涨，那么我就走人了。如果我因为收盘前V形底向上反转模式或价格上涨模式而买入，但第二天并没有上涨，那么我就走人了。如果我因为纳斯达克100出现了1～2天的超级正背离而买入，但第二天超级背离消失了，那么我就走人了。我总是根据特定的期望而进场或出场。一旦市场证明我错了，并没有证明我的期望，我会相应地做出行动。

关于资金管理，我有重要的话说：交易者的交易方法必须和他或她的性格相适应，资金管理策略也是同理。交易者必须根据自己承受风险的能力开发自己独特的资金管理策略。

# 交易和赌博

网上有很多人在讨论交易是不是和赌博一样。我认为赌博取决于庄家（比如赌场）是不是拥有统计学上的优势，这点和交易不同。如果没有优势，全世界所有的资金管理策略都不能让赌博者拥有正期望值。

过去我也赌博，我只赌拥有统计学优势的品种：21点可以算牌，轮盘赌有它的机械构造不完美带来的不足之处。但是赌场禁止专业的牌手去赌博，如果他们发现轮盘坏了，他们会很快换一个，同时把坏的修好。

交易和赌场不同，和概率游戏不同，股市提供了各种各样的统计学优势和偏向。我在前面的章节中讨论了很多统计学优势和偏向——比如我喜欢的月度周期性。当然了，交易者最大的优势是股市200多年来都在上涨趋势中。只要交易者坚持了优秀的资金管理策略并在动量对自己有利时下注，那么他们就能在股市积累大量财富。

有些人会争论说（我赞同）交易商品期货，比如谷物、肉类、软货和金属，就是赌博，因为这些市场并没有为交易者提供优势或偏向。我交易了19年商品期货，直到1985年我才决定只做股指期货，然后我就开始成功了。这是巧合吗？我想不是。

# 没有杠杆的交易工具

1985年春天，我当时是没有办法，只好去交易商品期货和股指期货。当时我的账户里面只有2200美元，所以我需要杠杆的作用，杠杆就是借钱交易。比如，1985年春天，一份标准普尔股指期货合约的点位是180，它的总价值是9万美元。我记得当时只要3000美元就可以交易标准普尔股指期货。这3000美元就叫保证金。假如说标准普尔股指期货波动了3.5%，也就是6点，如果是向上波动，你的资金就翻倍了，如果是向下波动，你就爆仓了。期权合约也是同理，你可以用很少的保证金控制大量的资金。

这听起来像是歪门邪道，尤其是某人说自己是通过交易股指期货而出名的时候。作为我个人，我是力所能及地避免使用杠杆。如果你的资金够用，可以不使用杠杆，那么就要像躲避瘟疫一样避免使用杠杆。尽量交易不需要杠杆的品种，比如共同基金、股票或美国证券交易所的指数型股票。交易这些品种时你可以很好地用你的资金管理策略来控制它们。你可以决定初始仓位的风险是多少，如果初始仓位赚钱了，你可以决定加仓的风险是多少。如果你交易的是期货或期权合约，你就要去面对它们的总价值带来的风险。

如果我现在可以用有限的资金重新开始，我还会像1985年春天那样做。我会交易股指期货，直到我的账户增值到不必使用杠杆为止。不是我一个人有这样的想法。《投资者商业日报》的调查表明，27%的投资者起始资金不到10万美元，他们一开始是交易股指期货和期权的；只有1%的投资者的起始资金大于50万美元。这个调查还表明15%的交易者经验不到5年，但交易的是期货和期权；只有3%的投资者拥有5年以上的投资经验。[①]

我的资金管理最基本的概念是，扩大赚钱交易的利润才能累积财富——这意味着这个游戏的名字叫"当你对的时候要赚大钱"。我是一个很保守的交易者，但是当我对的时候我就很激进。我挖掘赚钱交易的方法就是赚钱时不断加仓，这是戴维斯和利弗莫尔教我的。对于赚钱的交易，我总是尽量长时间地赚钱。有人称这种策略为金字塔加仓策略。如果你用这种策略交易期货、期权或任何带杠杆的品种，只要价格发生轻微的回调，你就被斩首了。

注 释

①南希·刚多，"新投资者们认为自己很激进"，《投资者商业日报》，1998年12月25日。

第14章

# 交易共同基金

我的目标一直是通过交易赚取生活费用。我实现了以交易为生的梦想，但不是我当初想象的那样。当我年轻的时候，我以为我某天能成为杰西·利弗莫尔第二，我会成为市场的明星交易者，每天进进出出。实际上，我的大部分交易收入来自共同基金和垃圾债券基金。

我在60、70年代痛苦的挣扎中就明白了，我的风险忍受度不够，无法激进地交易股票和商品期货。成功的交易就是找到自己个性中最合适的部分。让我吃惊的是，我发现我很适合做共同基金。因为和股票、期货和期权相比，共同基金的趋势是持续的，几乎没有跳动性，所以我比较喜欢共同基金。共同基金让我可以像达瓦斯和利弗莫尔讲的那样执行积极的逐级买入策略。

我交易共同基金的时候要比交易股票、期货或期权时更积极更频繁。根据市场状况不同，我几乎每天都在调整共同基金的仓位。有些人被别人误导了，他们告诉我说交易共同基金太无聊了，我摇头表示反对，我真恨不得把我的交易记录贴在他们脑门上。

## 时机交易和普通交易

我认为我自己是共同基金交易者，不是时机交易者。我总是认为时机交易者都是依靠某种机械公式或机械交易指标进场或出场的。时机交易者比较喜欢图表和振荡指标。像我这样的交易者是根据变化中的趋势做出反应，不是因为时机交易者进场了我才进场的。我得承认，时机交易者规避熊市的能力很强。但是熊市太少了，任何人只要采用买入并持有的策略都能轻松地打败所有的时机交易者精英。

如果你想知道市场时机和共同基金的业绩，你可以研究一下史蒂夫·谢兰斯的《观察研究》①业务通讯邮件。谢兰斯跟踪了几个用真实账户交易共同基金的时机交易者，还包括几个瑞德克斯基金时机交易者。瑞德克斯是一个共同基金家族，时机交易者很喜欢它们。和瑞德克斯相似的基金有专业基金和波拖马可基金。活跃的交易者很喜欢这些基金，因为这些基金在赎回时是不收费的，甚至不收交易费。他们也提供杠杆基金，有可能获得相对于指数1.5～2倍的收益。还有反向基金，它们一般和标准普尔、纳斯达克100反着做。这些基金的共同缺点是你必须在收盘前的10到30分钟下单。

根据《观察研究》截止到1998年9月30日为期3年的数据，瑞德克斯新星基金中的12只基金的时机交易结果都不如买入并持有的策略。过去3年这个基金的年收益是25.7%，而最好的时机交易的年收益只有18.1%。在以1998年9月30日为截止日的头两年，18只基金里只有1只采用时机交易能够战胜买入并持有的策略。

我喜欢《观察研究》业务通讯邮件的原因是它谈论的都是真金白银的交易。这是唯一的判断时机交易有效性的方法。请忽视那些商人和虚假的时机交易者兜售的模拟的或虚假的收益。唯一有价值的就是真实经纪公司提供的真实的交易结算单。

虽然马克·赫尔伯特并不跟踪真钱交易的账户，但是他出版的《赫尔伯特金融文摘》②业务通讯邮件很不错。马克不但跟踪自己推荐的股票，他还跟踪时机交易者——那些有效的业务通讯邮件的撰写者。以1999年3月31日为截止日的过去10年间，他跟踪了59个时机策略，只有两个业务通讯邮件中的时机策略打败了针对威尔逊5000指数的买入并持有策略的收益。在过去5年中，104个时机策略中只有1个策略打败了威尔逊5000指数。

最近我还阅读了位于波士顿的一家叫大坝金融咨询服务公司关于市场时机的研究报告③。他们把投资者从1984年到1997年12月的收

注　释

①史蒂夫·谢兰斯，《观察研究》业务通讯邮件，1998年第11、12期合刊。邮政编码97280，俄勒冈州波特兰市，19146邮箱。
②马克·赫尔伯特，《赫尔伯特金融文摘》，1999年4月27日刊，第02页。邮政编码22003，弗吉尼亚州安娜代尔市，布莱克立克路5051B。
③"1999年个人投资计划指导"，《福布斯》，1999年5月3日特别广告版，第12页。

益都画出来了。在这段时期内标准普尔的年收益是17.1%。但是大坝的研究发现普通基金投资者的年收益只有6.7%。他们业绩低的原因就是追求市场时机和热门基金。

时机交易者会争论说《观察研究》和赫尔伯特都没有做风险调整，而时机交易就是为了降低风险。也许他们说的是对的，但是你不能因为调整风险而降低了收益。难道说降低风险就是给交易账户注资？

我不是说在降低风险的同时战胜标准普尔是不可能的，我只是说那很难。我所知道的大部分时机交易者关心的是如何降低风险，而不是战胜标准普尔。从这个角度来说，他们是行家。

# 打败买入并持有的策略

从1986年初开始，我就把期货账户的利润转到基金账户，并通过交易共同基金把账户的资金连本带利地做大。1988年底到1991年初，我加快了提取期货账户资金的速度。当时做共同基金特别好，尤其是1991年，我的共同基金账户在稳定地增长。

早些年的我和现在的我完全不同，我每年都要做很多改变。当初我认为通过共同基金致富只要有耐心就行了，和个人能力没什么关系。实际上，我过去常常反对过度交易共同基金，我认为过度交易是没用的。我的交易行为不是过度交易，而是有收益的，而且我每年的收益轻松地战胜了标准普尔。

1996年，就像学院派的聪明人一样，我想做个实验。过去我每年交易共同基金的目标是比标准普尔多赚几个点。这次我采用了更激进更猛烈的方式，我的目标是每年比标准普尔至少多赚10%～20%。

虽然我在所有的共同基金账户开始了激进的交易策略，但是我在景顺还有一个账户，这个账户作为对照账户。之所以选择这个账户，是因为我很少对这个账户进行入金和出金，这样比较好计算年收益。当然了，缺点就是我的业绩只能对照这个景顺账户。然而，我还是决定接受挑战。以下是我的真实账户在头3年的交易结果和标准普尔的对比（包括红利的再投资）：

| | 加里·史密斯 | 标准普尔 |
|---|---|---|
| 1996 | 40.55% | 23.25% |
| 1997 | 46.88% | 33.55% |
| 1998 | 84.90% | 28.56% |
| **平均年收益** | **56.28%** | **28.28%** |

　　我3年来的平均年收益差不多是标准普尔的两倍。有些年份，我其他共同基金账户的收益比对照账户还多。因为我总是不断地入金和出金，所以要把这个对比数字做出来简直就是不可能了。我也知道3年的时间太短了，还不能得出有意义的结论。但是在这3年期间，只有少数交易者、时机交易者和共同基金经理战胜了标准普尔，尤其是他们都采用了杠杆。

　　想通过频繁交易共同基金来战胜买入并持有的策略是有勇无谋的，但人们很容易受这个思想的影响。备受欢迎的著作《漫步华尔街》的作者伯顿·马尔基尔在《彭博个人金融》杂志发表了一篇文章说，把交易费用考虑在内，买入并持有的投资策略的业绩要比动量投资高。[1]

　　《商业周刊》在1998年5月25日发表了一篇题目为"股票交易可以成为糟糕的习惯"的文章，内容是戴维斯加州大学的布拉德·巴伯和泰伦斯·奥迪安做的详细研究[2]。他们研究了某个经纪公司从1991年2月到1996年12月7.8万个账户的交易记录。这些账户的平均收益是15.3%。然而其中的频繁交易者——每年交易48笔以上——的平均收益是10%。简而言之，用这些研究者的话来说，交易可以毁了你的财富。

　　我总是在文章中看见财经专栏作家说交易是没有意义的，共同

注　释

①伯顿·马尔基尔，"仍然是随机漫步"，《彭博个人金融》，1998年7/8月刊，第33～36页的。
②"股票交易可以成为糟糕的习惯"，《商业周刊》，1998年5月25日，第8页。

基金的交易策略和掷硬币差不多。当然了，还有一句名言说："你万万不能错过一年中10个最好的交易日。"很自然，就是没人说如果你错过了一年中最糟糕的10个交易日会如何。

我能持续战胜标准普尔的秘密很简单：虽然有时候我会错过大涨的日子，但我能永远避开大跌的日子。有些买入并持有的人会怀疑我是如何做到的。他们不明白大跌之前总是有预兆。微薄的力量是不可能让强势动量市场拐头并崩盘的，在大屠杀开始之前，动量总是发生了某种变化。

针对我激进交易共同基金头3年的收益，有些有效市场理论家和学院派人士会跳出来说激进的进进出出的共同基金策略是没用的，这些辩词会让一些人头昏，但我不理会。

# 我是如何交易共同基金的

第12章主要讲我的基本的动量交易策略。我之所以能够成为成功的共同基金交易者，是因为我有能力和市场的节奏、背离保持同步——无论是大盘股、小盘股、科技板块——我都能相应地进行交易。除了少数例外情况（后面会讨论），我更像是个市场交易者，而不是基金交易者。只要市场某个板块的动量模式适合交易，我就从基金里面找到相应板块的基金进行交易。

我刚开始交易共同基金的时候，我以为每年都有特定的证券基金或板块值得投资，这些基金可以是黄金基金、保健基金或金融服务基金。找到领头羊基金并不难。我通过《巴伦周刊》的"浪花共同基金平均业绩"来找到动量最大的基金。它把各种基金每周的、每年到目前的、12个月的业绩都列出来了。

当我根据"浪花共同基金平均业绩"进行交易时，我基本上投资于动量最大最强的板块。很多交易者和共同基金业务通讯邮件撰写者都是采用这种跟随赢家的策略，只要相对强势动量的基金出现了，他们就推荐。虽然这种策略在早期对我很有用，但是我发现这个策略无法解决高动量基金的跳动性。

我喜欢的基金交易策略之一是1月共同基金晴雨表策略。我非常相信1月头5～7个交易日的表现为后面2～6月各种板块的表现奠定了基础。我想投资于在1月头5～7个交易日动量最大（也就是百分比收益最大）的板块。回头看5年前，如果采用了这个策略的话，你会持有1994年的日本板块、1995年的保健板块、1996年的黄金板块、1997年的拉美板块、1998年的电信电脑板块和1999年的科技板块基金。我在1998年做得特别好的原因就是我在1月12日买入了景顺全球电信基金，这只基金直到4月的第一周涨了30%，中途回调很小，请看图14.1。

图14.1　景顺全球电信基金，1998年1月12日到1998年4月3日

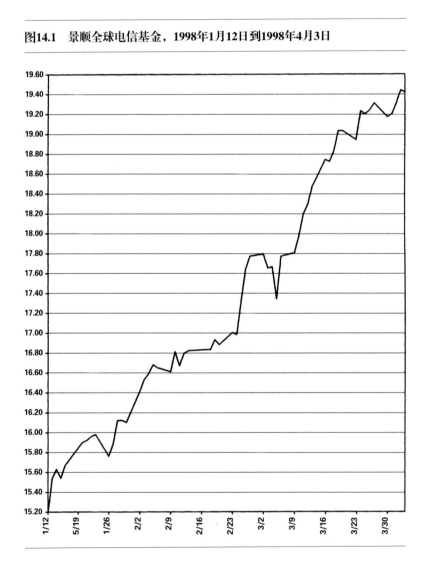

当你用1月共同基金晴雨表这个策略交易时，你不能睡着了。1月初的趋势很短暂，通常它们只有2~6个月，有时候只有1个月。1999年的科技基金就是这样。有时候你会遇到1995年保健板块那样的走势，它的趋势持续了一整年。我喜欢这个策略的原因是它让你在每年的年初就能开始交易。我在1月模式出现的时候从来不做深入的研究，我知道其他人也不会做深入研究的。我很想把1月模式写成白纸黑字那样的交易策略，尤其针对忠诚公司的板块基金。

每年头5~7个交易日的交易是很好的晴雨表，它预示了之前的趋势在新的一年会如何表现。房地产基金在1996年是最火的板块，大部分收益来自当年的第四季度。但到了1997年的时候，房地产基金的强劲动量突然停止了，结果1997年一整年房地产基金都是最弱的板块。

我比较喜欢的另一个基金策略是观察股市在感恩节两天前到1月头5个交易日的表现。我在第11章开头部分讨论过了，从1928年开始，市场中40%的收益来自这段强势的时期。根据这个策略，如果在感恩节之前的4周某个基金的动量很强，且在52周高点附近，你就在感恩节之前的周五买入这只基金。这只基金最好是板块基金，而且其对应的股市板块符合上述条件。这个策略还可以用在12月和1月的周期性强势上面，这些周期性的趋势会延续到1月以后。所以在1月的第5个交易日不要忙着止赢。

另外还有几个基金策略值得关注，只是我自己不使用它们。其中一个流行策略就是在新年的第一个交易日买入去年最火爆的基金。有几个业务通讯邮件都支持这种方法。这个策略背后的逻辑是，无论在头一年是什么原因推动这只基金上涨的，那么到了新的一年它的趋势和动量还要持续下去。

我认为，这种追求火爆基金的策略在过去太流行了，现在不太有效了。其中一个原因是最近几年流入基金的资金太多了，而火爆基金的基金经理无法处理太多的资金，也很难取得恒久的收益。

我的建议是，如果你要采用火爆基金策略，那么你得确认要买的最火的基金在1月要么处于新的52周最高点，要么离这样的最高点只差1%～2%。可以想象得到，你在1月第一个交易日能买到前一年最火的基金，但是这只基金离52周最高点差10%甚至更多。如果基金已经从最高点下跌了这么多，那么再买入它就违背了买入最火基金的本意。

虽然我相信基金的业绩每年会有持续性，但我不太支持买入火爆基金的方法。有些学院派人士对收益持续性的研究是自相矛盾的：一个研究列举了证据来证明这样的持续性是存在的，另一个研究却得出了相反的结论。

我见过的关于热门基金最透彻的报告是经济研究所1998年4月的特刊①。这份4页纸的报告列举了不同基金在13周、26周和52周的不同业绩。比如，在过去52周内最强和最弱的基金在未来13周和52周还要表现它的强势和弱势。这个研究的结果是，在任何时期内，强势基金都有持续强势的确切倾向。

# 紧凑上涨通道

我非常厌恶风险，亏损的交易会让我几天不踏实。我的经验告诉我因为有跳动性，我在心理上是不能交易任何数量的股票、股指期货、指数期权的。这也是我选择共同基金的根本原因。因为共同基金的趋势具有持续性，交易大资金是没有问题的。

共同基金会走进我命名的紧凑上涨通道。一旦进入通道，它们可以持续上涨数周，甚至数月，期间连2%～3%的价格回调都没有。我就是依靠这种市场交易行为生存的，因为我可以在它稳步上涨的同时慢慢地买入更多。无论何时，如果进入紧凑上涨通道的基金出现了3%～4%以上的回调，这通常是一个警告，告诉我们要下跌了。

1月共同基金晴雨表策略和11月底／1月初周期性策略受欢迎的一个原因，是这些基金正走向紧凑上涨通道。我还有两个策略，这两个策略找到的紧凑上涨通道更明显、更持久。一个叫小盘股背离模式，另一个叫新基金策略。

---

注　释

①"共同基金很热门：跟着赢家"，经济研究所的特别研究报告。

# 小盘股背离

上涨中小盘股基金几乎没有遇到下跌回调，这就是最好的紧凑上涨通道案例。一旦小盘股基金开始上涨了，它们几乎是不做修正动作的。小盘股基金曾经在两个时期内表现强势——尽管时间很短——1997年和1998年中。我在1997年和1998年买入了小盘股板块，这两年的大部分利润来自它们。

交易者和投资者在90年代被小盘股基金捉弄了多次。大师们一个接一个地拍桌子说小盘股基金要启动了。至少是截至到90年代的历史数据表明，如果大盘股没有表现的话，小盘股是走不到哪里去的。通常大盘股是在道琼斯和标准普尔下跌7%或更多的时候才开始表现。1991年小盘股开始表现，比较小的上涨发生在1997年5月到10月中旬，还有1998年10月到11月，这些上涨都发生在大盘股上涨之后。

大盘股动量上涨之后的几天到几周，小盘股为主的罗素2000指数和标准普尔、道琼斯之间有1～2天会出现很明显的价格背离。它在催促你赶快抓住这次背离提供的机会。

作为例子，让我们看看1997年4月28日这周标准普尔和罗素2000的价格变化。在这段时期内，罗素波动1点相当于标准普尔波动2点，相当于道琼斯波动20点。

我在5月2日收盘前买入了德莱弗斯小盘价值基金。你可能会问既然标准普尔在4月28日这周表现得强势，那么是什么原因促使我买入了小盘股？我看中了罗素在5月1日表现出来的强势。5月2日罗素

|  | 道琼斯 | 标准普尔 | 罗素2000 |
|---|---|---|---|
| 4月28日 | +44.15 | +7.59 | +0.25 |
| 4月29日 | +179.01 | +21.09 | +4.48 |
| 4月30日 | +46.96 | +7.29 | +2.42 |
| 5月01日 | （-32.51） | （-2.81） | +2.66 |
| 5月02日 | +94.72 | +14.44 | +8.32 |

2000的动量是异常的价格波动。我还真不记得这个指数上次出现过如此大的百分比收益（2.4%）和点数收益，那肯定不是五六年前的事。罗素出现的超级动量分明是在大声呼喊小盘股要爆发了。

你从表14.2可以看出，德莱弗斯小盘价值基金在随后几个月是平稳上涨的。罗素2000指数从5月2日收盘到10月13日的最高点一共飙涨了31.4%。更加激进的交易者恐怕已经交易了芝加哥商业交易所的罗素2000股指期货或芝加哥期权交易所的罗素指数期权。

**图14.2　德莱弗斯小盘价值基金，1997年5月1日到1997年10月31日**

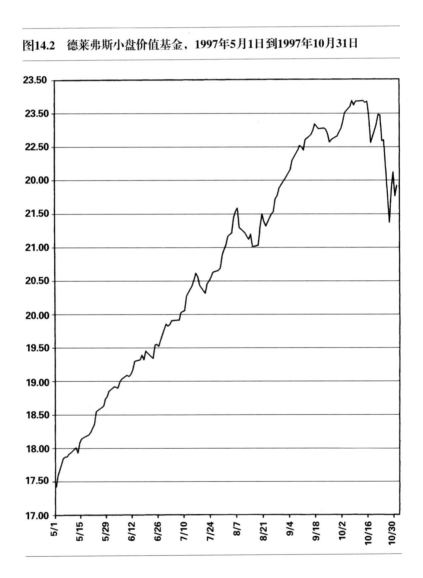

让我们再看看我在1998年10月买入小盘股的类似情景。以下是10月9日到10月19日道琼斯、标准普尔500和罗素2000指数每天的价格变化。在这段时期内，罗素波动1点相当于标准普尔波动3点，相当于道琼斯波动25点。

| | 道琼斯 | 标准普尔 | 罗素2000 |
|---|---|---|---|
| 10月09日 | +167.61 | +24.95 | +8.12 |
| 10月12日 | +101.95 | +13.32 | +7.22 |
| 10月13日 | (−63.33) | (−2.91) | (−5.29) |
| 10月14日 | +30.64 | +10.73 | +4.65 |
| 10月15日 | +330.58 | +41.96 | +9.83 |
| 10月16日 | +117.40 | +8.93 | +8.07 |
| 10月19日 | +49.69 | +5.97 | +9.57 |

和1997年4月28日那周一样，道琼斯和标准普尔也强势了几天，然后有一天（10月16日）罗素2000出现了很强的动量背离。当我看见罗素2000和其他指数出现正背离时，我就在10月16日买入了景顺小公司成长基金。

10月19日的背离比10月16日的背离还明显，它警告交易者说小盘股板块将会有大事发生。从10月19日到11月27日罗素2000指数涨了14%，然后才产生了有意义的回调。在同一时期，它的收益比道琼斯和标准普尔都要多。正如图14.3所示，景顺的小公司成长基金在上涨，回调很小。

# 新基金效应

共同基金投资者经常被告知要回避新的共同基金，等1～3年后再交易。还好我是交易者不是投资者，而且我也不听从传统的智慧。我喜欢的且最赚钱的共同基金策略就是在新基金上市时尽快买入。新基金在上市之初的1～3个月的业绩要比整体市场强，比同行

**图14.3 景顺小公司成长基金，1998年10月15日到1998年11月27日**

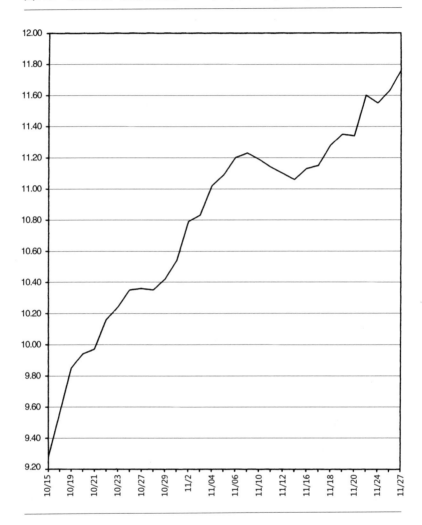

基金也强。那些叫嚣市场之间是无利可图的、是无效的有效市场理论派人士真的应该好好去研究一下这个新基金效应。

　　我在1998年19.6万美元的利润中差不多有50%来自两个新基金：思状小盘价值基金和景顺努力基金。我在1996年的大部分利润来自新基金思状高收益债券基金，这只基金在1996年的收益超过了26%，同样性质的其他基金收益只有14%，标准普尔的收益是23%。

新基金效应并不神秘。1997年4月22日的《投资者商业日报》公布了两篇研究新基金效应的文章①。查尔斯施瓦布投资研究中心的研究调查了从1987年到1997年美国所有的新股票基金的一年性收益。研究发现新基金比老基金的收益高，且具有持续性。研究还发现新基金的高收益集中在上市的头半年。这个研究还调查了1993年到1997年的724只新基金。研究发现这些年来表现比较好的100只基金都是新基金。

另一个关于新基金的研究是考布雷见解集团做的。他们研究了10年的数据并证实了新基金的业绩在第一年比老基金好。大盘股和中盘股的业绩会高2.1%，新的小盘股基金的业绩会高6.9%。小盘成长基金的业绩最明显，它比同类的老基金收益多9.2%。

新基金效应的产生还有其他几个原因。新基金一开始投资的品种少，基金经理可以按照自己的最好思路建仓。新基金经理不必考虑卖出的问题，所以他们能集中精力买入动量最大的股票和板块。新基金在上市的头几个月可以全神贯注于几只股票。如果新基金买入了爆发式成长的股票，那么它们的投资组合就火爆了。

根据我的经验，新基金业绩好的根本原因是首次公开发行市场（IPO）。负责发行股票的经纪公司会给共同基金公司分配股票数量。基金公司常常会把这些股票分配给新基金以提高它们的收益。一旦新上市的股票价格涨到了2～3倍，那么仓位不高的新的共同基金就能大大地提高它的资产净值。

我记得在1998年7月买入了新的景顺成长和收益基金，它一下子跳高了6.6%，而当时的整体市场是虚弱的。它突然上涨的原因是它持有一只刚上市的互联网股票，而这只股票在上市的那天跳涨了5倍多。

很多基金家族都有新基金效应，特别是两面神公司和思状公司，他们的新基金总是有不错的表现。景顺、凡御夫座、伯格和很多专做小盘成长基金的公司的新基金都表现很好。

我比较喜欢上市时大吹大擂的新基金。忠诚公司在1998年3月

注 释

①彼得·麦肯纳，"研究减少了对新基金的争论"，《投资者商业日报》，1998年4月22日。

高调地推出了新的小盘股基金。结果没几周它的资产膨胀到7亿多美元，这打乱了买入新基金的目的，新基金的资产小才能让基金经理灵活地购买新上市股票。忠诚公司只好停止了新投资者申购的权限，这样他们才有能力管理好资产。

我并没有说所有的新基金都在上市的头几个月表现得好。新基金的功能、新基金投资的板块和整体市场的健康程度都会影响新基金上市后的表现。两面神全球科技基金就是一个很好的例子。这只基金是在1998年12月最后一个交易日上市的，人们争相购买。两面神公司的新基金在过去一直表现得很好，正好科技板块的动量最大，且整体市场一直很强，所以两面神全球科技基金在1月涨了15%，在后面几个月也表现得很强，这就不奇怪了。

有两种方式面对新基金效应。一种方式是上市后尽快购买它们，另一种方式是等1～2周，看看它们是不是真的有动量。如果你在上市后就立刻购买了，那么要看看它1～2周内的表现，表现不好就要出场。两面神公司在1998年12月还发行了新的全球生命科学基金。然而在它上市后的第一周，虽然股市很强，它却下跌了。我当时是以发售价格买入的，但是3个交易日后我看它表现不行就卖出了。我把剩下来的资金加倍买入了新的两面神全球科技基金。

1998年对我的账户有比较大贡献的新基金是思状小盘价值基金和景顺努力基金。我到1月30日才买入思状小盘价值基金。请看图14.4，这只基金在1月大部分时间里是毫无生机的，但是到了最后一周，它开始强势上涨，表现得要比同类型的基金好。我也不知道怎么回事，但既然它是新基金，我就决定做点小投资。这只基金在随后几个月稳步上涨进入紧凑上涨通道，你从图14.4可以看见它的上涨，我则不停地加仓。

1998年让我赚钱最多的基金是景顺努力基金——这不是巧合。景顺在7月1日推出了成长收益基金，上市后的几周就涨了13%。股市突然在7月底下跌了，到10月初下跌了20%，景顺成长收益基金的动量也被终止了。但是成长收益基金像石头一样坚硬，它几乎没有下跌。

当我听说景顺要在10月底推出新的努力基金时，我就知道自

图14.4 思状小盘价值基金，1998年1月2日到1998年6月30日

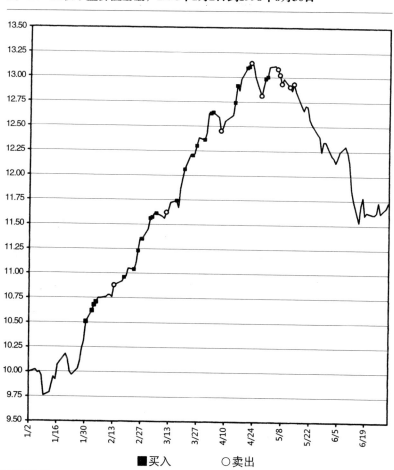

■买入　　　○卖出

已要赚了。当股市在10月中旬开始上涨时，我已经对努力基金充满了自信。结果努力基金在11月飞涨了19%，我一点也不吃惊。请看图14.5。

知道新基金上市有时候是困难的。有些基金公司并不会提前通知股民有新基金要上市了。思状这家公司就有这个坏习惯，其他基金公司则会在基金上市前接受客户的预订，预订期可以是基金上市前的一个月。大部分基金的发售价是每股10美元。

新基金必须得到证券交易委员会的批准才能向大众发售。想

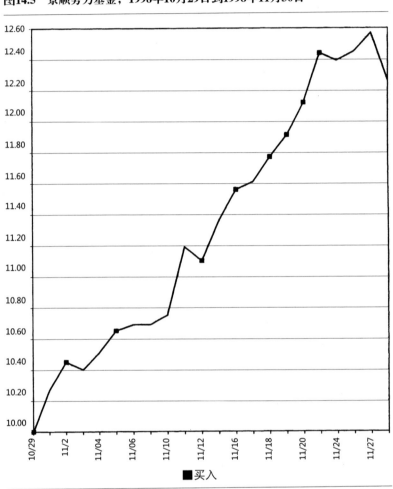

图14.5 景顺努力基金，1998年10月29日到1998年11月30日

■买入

通过证券交易委员会的文件来判断新基金的上市日将会是枯燥的过程。我的做法很简单，就是定期打电话给基金公司询问是不是有新基金上市的计划。

## 共同基金资金管理策略

正如我多次指出的，基金的魅力就在于它的趋势是持续的。我一般聚焦处于紧凑上涨通道且跳动不大的共同基金。我已经讨论了一些交易基金的策略——新基金效应、小盘股背离、1月共同基金晴雨表、感恩节前到1月初的周期性。不要把紧凑上涨通道共同基金策略和第12章讲解的各种动量模式混淆了。一旦我从动量模式得到了买入信号，我就不能不关心买入一个紧凑上涨通道中的基金。比如，1998年10月8日出现了V形底向上反转，我就买入了科技板块基金。这是因为我认为科技板块的V形底向上反转的动量是最大的。我也可以选择科技指数期权、像纳斯达克100这样的科技板块股指期货或像戴尔、微软、思科这样的科技股票。

无论我的交易策略是什么，我第一次建仓时只愿意接受1%～2%的亏损。有人会认为这个止损太窄了，我也同意——我只能说我的交易风格如此。我的策略都是希望立刻赚钱的。比如，关于动量模式，市场必须在第一天就让我赚钱。如果我第一天没有赚钱，那么就表明我错了，我会立刻退出。对于紧凑上涨通道模式，如果基金让我亏损了1%～2%，那就是向我警告我错了，要平仓。因为我每笔交易只愿意承受1%～2%的亏损，所以根据我的建仓量，我很清楚我会亏多少。

一旦我建仓的基金稳步上涨，只要它没有从最近的高点下跌3%～4%，我是不会离场的。我发现无论何时，只要在紧凑上涨通道中的基金回调了3%～4%，那么就表明上涨要结束了，此时应该卖出。当然了，如果整体股市出现了1%真实卖出日，而基金的下跌还不到3%～4%，我会加快行动，我会平掉整体仓位的33%～50%。如果股市又是一个1%真实卖出日，我会100%空仓。

我总是逐步加仓基金。有时候我会加仓25%～33%，有时候我只是零零散散地加仓，但我从不零零散散地平仓。也许我需要一周的时间建仓，但完全平仓只要一两天。

图14.4显示的思状小盘价值基金能很好地说明我的资金管理策略。你能看见我是如何随着价格的上涨逐步买入的，然后我在5月初陆续平仓卖出。本例中我不是因为价格从最高点下跌了3%～4%而卖出的，而是因为我对整体股市比较担心。

# 利用外盘的时间差赚钱

在亚洲和欧洲市场收盘时，可以利用美国市场波动事件赚钱。

亚洲市场在纽约时间晚上开盘，在早上收盘。欧洲市场在纽约时间凌晨开盘，伦敦和意大利是最后收盘的，它们的收盘时间是纽约时间上午11：30到11：45。

最典型的外盘时间差例子发生在1997年10月27日这周。道琼斯在10月27日这个伤心的周一下跌最惨，收盘时跌了554点。亚洲市场10月本来就在跌，看见道琼斯跌了，然后又接续跌。香港市场在前一个交易日下跌了5.8%的前提下于10月27日又下跌了13.7%；日本市场在前一个交易日下跌了1.9%的前提下又下跌了4.3%。

10月28日周二道琼斯在开盘的头半个小时内下跌了160点，然后它又惊人地转头向上，收盘涨了337点，这是有史以来最大的单日涨幅。结果纽约证券交易所周二当天日本和香港的美国存股证（ADRs）狂涨。

芝加哥商业交易所的日经股指期货更能说明问题。日经指数的收盘价是比较低的，日经股指期货却狂涨，这表明第二天日经指数的开盘价要涨500点以上。美国全国广播公司财经频道有线电视的行情报价机会每10分钟报一次日经股指期货的价格，财经频道的期货栏目也会每小时播出。

亚洲共同基金的价格还是头一天晚上的。道琼斯狂涨的337点还没有反映到这些价格上面。很明显10月28日晚上以后当日本和香港开盘时它们一定要跟着道琼斯上涨。

我在10月28日晚上有两个选择：要么买入景顺亚洲成长基金，这个基金里面香港板块是最大的；要么买入景顺太平洋流域基金，这个基金里面日本板块是最大的。考虑到在90天内赎回费是1%，我选择了太平洋流域基金。我做交易可不是为了逞英雄，香港市场最近比日本市场的跳动性大多了，为了安全，还是选择日本吧。

不出我的意料，亚洲市场在周二晚周三早上跟着道琼斯后面大涨。景顺亚洲成长基金上涨了9.6%，我的太平洋流域基金上涨了4.8%。这可是一天的交易收益啊，所以我在10月29日平仓了。

我在11月20日又采用这样的时间差交易，在11月21日平仓时赚了3.3%。这次同样是芝加哥的日经股指期货表明日本市场第二天要大涨。

我很少利用美国市场和日本或香港市场的时间差赚钱。我可以一整年不玩这种时间差带来的价差。只有芝加哥的日经股指期货表明第二天日本市场至少要涨300点到400点时我才去做。1994年我在托马斯罗普里斯公司还有一个账户，我用这个账户做了几次时间差，每次都在一个交易日内赚了4%～5%。从那以后托马斯罗普里斯公司开始制止频繁交易者的行为。

1997年10月27日的交易真是简单，不用动脑子，万万不能错过。然而，并非所有的交易都是那么绝对的。事实上有些交易最终是亏损的。我知道一个交易者专门利用这种时间差做交易——方法没有我这么严格——结果他努力了几年也没赚钱。

10月27日的市场行为导致忠诚投资公司立即采取了行动阻扰交易者利用亚洲市场的预期价格波动赚钱。忠诚公司要追求自己的公平定价估值系统[1]，忠诚投资公司的做法引起了行业内的骚动。公平定价估值系统是证券交易委员批准的，不过它的概念太模糊，大部分交易者从没听说过。公平定价估值系统让基金公司在特定的环境下有权订立他们认为公平安全的价格。基金经理可以自由地使用这种公平定价，可以在不通知投资者的前提下使用公平定价。

在10月27日收盘前，忠诚公司知道第二天海外的价格要上涨，他们就相应地调整了香港和中国基金的价格。所以在10月27日这天收盘时，其他同类亚洲基金的资产净值下跌了10%～14%，而忠诚公司的香港基金的资产净值却上涨了。这么做的目的是为了防止短线交易者利用海外市场的大涨赚钱。

这种公平定价策略导致大众和忠诚公司的关系恶化。我也不赞同基金公司根据自己的想象而武断地修改基金资产净值。如果他们想打击短线交易者，他们可以提高赎回费用，我认为这是有效的方法。

# 和欧洲的时间差

虽然我很少利用美国和亚洲市场的时间差赚钱，但我经常利用

---

注 释

[1]杰弗里·史密斯，"评论：基金：投资者应该知道的隐蔽诡计"，《商业周刊》，1997年11月17日。

美国和欧洲市场的时间差赚钱。对于亚洲市场，我常常是在第二天平仓。有时候对于欧洲基金，我采用长线的策略。

我对欧洲市场最好的设想如下，大部分欧洲市场的收盘价都很低，尤其是德国、法国和英国。美国市场在开盘后的两个小时价格很低，尤其是在美国东部时间上午11：30左右，此时伦敦还是收盘的。然后美国市场在上午11：30后快速上涨并强势收盘。如果是什么新闻事件导致美国市场上涨的，那更好。

1998年9月21日周一就是这种情况。由于海外市场，尤其是亚洲市场的大跌，美国市场开盘时价格很低。当天市场还担心对克林顿总统不利的录像带会被公布。

当9月21日欧洲最后一个市场收盘时，道琼斯还是跌了120点。欧洲市场普遍跌了1%～4%，德国股市跌得最厉害。当天晚些时候，大家发现克林顿的录像带根本没什么，道琼斯开始向上反转，当天收盘涨了37点。

我喜欢的欧洲市场设想是这样的：在纽约时间上午11：30时美国和欧洲市场都在严重下跌，然后当天晚些时候美国股市强劲反转。9月21日收盘前就是这样的，我买入了景顺欧洲基金。正如我期望的那样，第二天欧洲市场跟着道琼斯上涨，我把欧洲基金卖掉，赚了2%。

实际情况并非都像9月21日设想的那样。我有时候在上午11：30看见美国股市上涨时也会买入，并随着当天的上涨慢慢地加仓。1998年9月1日是一个上涨的例子，前一天8月31日道琼斯出现了历史上排名第二的下跌，跌了512点。9月1日欧洲市场跟着道琼斯大跌。伦敦下跌了3.3%，西班牙下跌了5.5%，法国下跌了5.5%。

9月1日上午11：30道琼斯上涨了80点。对于欧洲投资者来说这种死猫反弹还真少见。那天晚些时候，死猫反弹得更厉害，道琼斯又上涨了208点，收盘时涨了288点。第二天欧洲市场跟着反弹，很多欧洲基金的净值增加了2%～3%。

另外一个欧洲市场的时间差例子和消息有关。9月11日周五道琼斯涨了65点，欧洲市场则是下跌收盘的。银行的问题和拉丁美洲的问题导致欧洲市场都是下跌收盘的。《斯塔尔报告》是在美国交易日那天晚些时候出来的，《斯塔尔报告》公布后，道琼斯涨了100多点，收盘时涨了179点。我则在收盘前买入了景顺欧洲基金，以期望周一欧洲开盘时会有持续的买盘。事情确实如此，我在周一平仓时赚了2%。

1998年5月1日提供了一个有趣的利用时间差赚钱的方法。因为劳动节，大部分欧洲市场在周五是休市的，只有少数市场是开市的——荷兰、丹麦和伦敦——它们都很强，分别上涨了5.3%、2%和1.38%。道琼斯在5月1日也很强，收盘涨了82点。我觉得可以利用这个锁定利润。很明显欧洲市场开盘后会有压抑不住的买盘，伦敦、丹麦和荷兰的市场已经证明了这点。美国市场也会有买盘出现。

5月4日周一一切都是按照计划进行的，欧洲在飙涨，意大利收盘涨了4%以上，法国和西班牙涨了2%以上，德国涨了1.84%。道琼斯在周一早盘涨了90点，对欧洲提供了支持。我把景顺基金平仓了，又赚了2%。

这些年来，我像这样的利用时差赚的1%~2%甚至更多的利润对我的资金曲线有很大的贡献。虽然利用时间差赚钱看起来很确定，但也有陷阱。一个问题就是美元的价值。有时候，虽然海外市场也如我所愿地上涨了，但我的交易是亏钱的。这是因为强势美元抵消了海外市场的上涨，导致基金净值下跌。有时候海外市场它不涨，但我还是赚钱了，这是因为弱势美元导致基金净值上涨。

# 基金政策的变化

1999年初很多共同基金公司开始打压像我这样的短线交易者。从那以后，我就不能再玩时间差了。从1999年5月1日开始，在90天内赎回任何国际基金的费用都是2%。有些欧洲基金和亚洲基金还是没有赎回费的，比如思状公司的基金品种，不过他们迟早要对国际基金征收交易费用。

马里兰州毕士大的专业基金公司允许投资者在两个欧洲基金之间无限制次数地转换。一个叫超级欧洲专业基金，它每天追求两倍于专业基金欧洲指数（PEI），PEI反映了欧洲3大市场每天的变化——英国的富时100（FTSE100），法国的CAC-40和德国的

DAX。另一个叫超短欧洲（基金），它每天追求PEI逆向的两倍的收益。

利用时间差交易专业基金公司的基金不太可能。这些基金的价格并非是根据前一天欧洲的收盘价定的（像景顺那样），而是根据3大欧洲市场开盘后30分钟的价格来定的，这样交易者就无法获取美国市场和欧洲市场因为时间差导致的价差利润。

# 我在哪里交易共同基金

我和大部分基金交易者不同，我不在水房公司、杰克怀特公司或忠诚公司这样的基金超市交易基金。我也不在像瑞德克斯、专业基金或波拖马可这样鼓励交易者频繁交易的公司交易。实际上，我在景顺公司、思状公司和两面神公司都有账户。我选择交易共同基金的公司有3个要求：

1. 我在下午4：00收盘前可以直接下单。
2. 如果有必要，我可以在24小时内平仓。
3. 没有交易费，没有赎回费。

虽然我在写作本书的时候很多东西都在飞快地变化着，但基金超市不符合我的要求，他们针对频繁交易者征收赎回费或佣金。你在买入基金后还不能立刻卖出，要等上一两天。像瑞德克斯公司和专业基金公司，虽然不限制交易频率，不收赎回费，但是他们限制交易时间，一般是收盘前10到30分钟才可以交易。

过去我在托马斯罗普里斯、先锋、德莱弗斯、北方基金、穿越美国公司、林德纳、尼古拉斯、两面神和史卡特公司都交易过。有些公司让我体验了恐怖的客户服务，不过本书不是为了批评别人。总之，我最喜欢的公司是景顺和思状公司。除了我，估计没人如此维护这两家基金公司。他们的服务很卓越，更重要的是，只要电话接通了，几秒钟内就会有业务代表帮你下单，你不必等太久。

我不希望景顺公司也压制交易者和时机交易者。不过他们不限制你频繁转换品种。他们的政策是每个品种每年可以转换4次。根据我的体会，他们这么做的目的是为了阻止时机交易者的大额进出，像我这样的小额加仓，他们不是很在意。

有时候我自己在想，我要不要做点改变，不要总是在景顺和思状公司交易。总有一天，我为了交易更多的基金，可能会在基金超市开户。我在1999年初就是因为不能交易沃伯格平克斯日本小公司基金而错失了几万美元的利润。那只基金在1999年初的风格特别适合我——慢慢上涨，期间只有小的向下波动。这种交易行为非常适合我的逐级买入策略。

因为我害怕用电脑，虽然景顺公司和其他基金公司都提供了上网交易服务，但我没有这么做。也许有一天我也被迫去上网交易。如果我上网交易时下的单没有被成交，我希望能搞清楚是我的问题，还是基金公司的问题。目前我的交易风格还是尽量简单，尽量不要搞什么高科技。

# 关于交易共同基金的书

关于交易共同基金的书很少。我见过的最好的内容是杰克·施瓦格在《新市场奇才》[①]中对基金交易者吉尔·布莱克的采访。布莱克在80年代的平均收益是45%——这在当时是超级高的收益。更让我印象深刻的是布莱克的持续一致性：他的交易记录显示139个月中有134个月是持平或赚钱的。某些方面我也在学习吉尔·布莱克。任何人，只要他能取得持续一致的收益且风险不大，他就是我喜欢的交易者。

由于共同基金具有惊人的趋势持续性，吉尔·布莱克也很喜欢共同基金。他发现很多基金，比如市政债券基金，只要某天价格向某个方向走，那么有83%的概率第二天还往那个方向走。比如，忠诚市政债券基金在1981年有3个月的时间几乎没向上涨过。这段时期的净值既没有变化，也没有下跌，这段时期最好空仓。但这只基金的趋势持续性也是上涨的因素。有时候这只基金能连续几周上涨，且净值一直没有下降。

注 释

①施瓦格，《新市场奇才》，第230～250页。

一旦基金的趋势持续性开始减弱，布莱克就把目光转向其他基金。他发现如果基金某天的价格变化比平均价格变化要大，那么这只基金第二天朝同样方向波动的概率是70%～82%。他的观察结果很像我的交易策略，但我是根据股市价格的极端变化来做判断的。我发现道琼斯、标准普尔、纳斯达克100或罗素2000的价格如果向某个方向波动，那么第二天很可能也向这个方向波动。

我只能向共同基金交易者推荐两本书：阿兰·拉文的《共同基金获利的50种方法》[1]和谢尔登·雅各布斯的《成功的基金投资指导》[2]。虽然这两本书主要是给投资者看的，不是给交易者看的，但我认为它们还是有价值的。

---

**注　释**

[1]阿兰·拉文，《共同基金获利的50种方法》，芝加哥：欧文专业出版公司，1996年。
[2]谢尔登·雅各布斯，《成功的基金投资指导》，纽约哈得孙河畔欧文顿：轻松基金投资公司，1996年。

第15章

# 交易垃圾债券基金

垃圾债券基金是我的最爱，即使这么说都不能表达我对它的热爱。人生中的很多事，第一次经历总是印象最深刻的，最难以忘却的。我和垃圾债券绝对是一见钟情。我是在1991年1月开始尝试垃圾债券基金的，当时我赚了30%以上，从此一发不可收拾。

整个90年代垃圾债券基金的趋势持续性都很好。它们要么是上涨的，要么是下跌的。按照利弗莫尔和达瓦斯的方法逐级加仓买入垃圾债券基金是最好的，再也找不到更好的品种了。图15.1显示了思状高收益债券基金在1996年的价格波动，表明垃圾债券的趋势持续性很强。这只思状基金在当年的收益是26%（本金收益+利息），而且整年没有一次回调达到了2%。

"垃圾"这个词让很多潜在的投资者远离了这个品种。有些投资者并不知道很多发行垃圾债券的公司都是很出名的公司，比如安泰勒百货、美国居家、倍得适企业、卡马特、奇宝食品、西北航空、欧文斯伊利诺、拥有必胜客的百胜、塔可钟快餐和肯德基。很多拉斯维加斯的大赌场、大型连锁店和有线电视公司也发行垃圾债券。

垃圾债券就是指评级在投资级别以下的债券。按照标准普尔公司的标准则是BB级别或更低的级别。按照穆迪公司的标准则是Ba级别或更低的级别。因为垃圾债券在到期时偿还本金和利息的能力受到置疑，所以它的信用评级比较低。因为垃圾债券的评级在投资级别以下，所以它们的高收益算是对你的补偿。垃圾债券和垃圾债券基金的魅力就在于高收益。我1991年第一次接触垃圾债券时，它们的收益是16%～17%。到了最近的1998年10月，它们的收益是11%。90年代末的那几年，平均收益是9%左右。

在80年代以前，垃圾债券或高收益债券是指发行债券的公司突

175

图15.1 思状高收益债券基金，1995年12月28日到1996年12月31日

然遇到了财务困境。这些公司要么会破产，要么会被合并。一种新的垃圾债券在80年代出现了，这些垃圾债券用来资助收购者。80年代中后期垃圾债券开始泛滥，它的收益比10年期债券多400基点，很多机构投资者蜂拥而至。垃圾债券和10年期债券的价差高达1000个基点。

垃圾债券在1989年和1990年恐怖下跌的因素有几个。德崇证券

是垃圾债券最主要的做市商，当时德崇证券开始退出市场，给市场的流动性造成了威胁，这迫使个人投资者退出垃圾债券，进而迫使基金经理在已经没有流动性的市场卖出。更糟糕的是政府管理层命令银行都退出垃圾债券。垃圾债券在1989年的违约率接近6%，1990年的违约率是9%，这比过去的3%还是高了很多。违约就是指债券发行人破产了，无力偿还债券。这个时期的违约率这么高，是因为债券发行公司和收购公司都采用了高杠杆运作。

很多人认为垃圾债券在1989年和1990年崩盘了，其实没这么严重。垃圾债券在1989年的平均亏损是0.48%，在1990年的平均亏损是9.96%。数字确实不太好，但还算不上崩盘。很多管理得比较好的公司在1990年则要好很多，景顺高收益基金在1990年只亏损了4.6%，先锋高收益基金跌了5.8%。

1989年和1990年的下跌把市场中很多多余的东西都洗掉了，为后面10年奠定了基础。垃圾债券基金在1991年的收益是令人目眩的36.58%，1992年是17.39%，1993年是18.84%。1994年债券基金都不行，垃圾债券基金的收益跌到了3.71%。但是1995年到1998年又是稳定收益的3年，平均年收益是15%。1998年和1994年一样，垃圾债券的收益只有0.47%。一直到1999年4月，垃圾债券都是上涨的——今年到现在几乎上涨了6%（译者注：应该是1999年）。

这些收益为什么这么高？要想得到高收益，就要承受一定的风险——但是对于垃圾债券，风险并不算大。投资策略家利亚·莫迪利亚尼和她的诺贝尔得主祖父佛朗哥·莫迪利亚尼开发了一个叫做"M平方"的评级方法，以比较不同品种的风险调整收益，这些品种包括成长基金、小盘股基金、指数500基金和垃圾债券基金。他们发现在90年代大部分时间里，垃圾债券基金是所有品种中风险调整收益最高的[1]。

我最近发现的长期收益也证明了利亚·莫迪利亚尼和佛朗哥·莫迪利亚尼的研究结论。1980年到1997年，标准普尔的年

注 释

①兰德尔·W.福赛思，"根据新的标准算，垃圾债券超过了标准普尔"，《巴伦周刊》，1997年2月17日，第40～41页。

收益是17.13%，年波动是17.24%。同一时期垃圾债券的年收益是13.71%，但年波动只有9.19%[①]。由于它们过去的收益就比较高，风险比较有限，我经常用垃圾债券基金来取代货币和货币基金。我从1991年到1997年交易垃圾债券基金的年收益是19%，这和同一时期的标准普尔差不多。

投资或交易垃圾债券基金时要考虑4个因素：对萧条的担心、违约率、基金流动、垃圾债券基金和10年期债券的价差。这4个因素是相互关联的。

对垃圾债券基金业绩最大的威胁就是担心经济会发生萧条。经济萧条会伤害垃圾债券市场。因为萧条会让公司的利润下降，公司发行评级低的债券就比较困难。发行债券的公司还债的能力降低了，那么违约率就要上涨。一旦投资者感觉到经济要萧条了，违约率可能要上升了，那么他们就开始平仓垃圾债券基金。

影响垃圾债券基金价格最大的因素是基金的流入和流出。原因是垃圾债券基金持有的垃圾债券的百分比比共同基金持有的股票百分比要大很多。因此，垃圾债券基金经理在处理投资者大量的基金进出时常常放大了这个市场的波动性。

因为基金经理喜欢激进地买入垃圾债券，大量资金流入垃圾债券基金就放大了整个垃圾债券市场的流动性。当有很多人要赎回基金时，基金经理又要卖出垃圾债券，导致大量的外流。所以垃圾债券基金的流动性很重要，资金流入时就增加了流动性，资金流出时流动性就变小了。

在几千只垃圾债券中，只有大约100只是交易活跃的。当资金大量流出，没人对垃圾债券感兴趣时，真正交易活跃的垃圾债券只有20～30只。当类似于1998年10月的危机出现时，真正交易活跃的垃圾债券不到10只，此时，垃圾债券市场几乎是静止的。这就是美联储在10月15日降低了贴现率的原因。

对垃圾债券估值最常用的方法就是判断它和10年期债券的价差。然而我本人更关注的是垃圾债券基金的动量，我对估值模型兴

注 释

①《季度投资组合》，1998年12月31日，第2～3页。DLJ伊宝森北方基金，邮政编码53201，威斯康星州密尔沃基市，2081号邮箱。

趣不大。我记得在1996年到1997年有很多专家说垃圾债券和普通债券的价差在缩小，说明垃圾债券被高估了，但是所有的垃圾债券还是继续上涨。

我很幸运，我第一次投资和交易垃圾债券时正好是经济的大发展时期，在那个时期垃圾债券的表现很好。如果是像1998年8月到10月那样下跌10%，那么买入垃圾债券就真的是碰到灾难了。如果碰到了经济萧条，结果也一样惨。你在后面会看到，垃圾债券在下跌前会给出公平的预警的。

# 如何交易垃圾债券

因为垃圾债券基金的跳动性不大，所以你要时刻准备好主趋势的改变。我给交易者的首要原则是，无论何时，只要垃圾债券基金从附近的最高点回调了2%（包括利息）就要100%空仓。相反，当垃圾债券基金下跌了一段时间以后，只要它在最近的最低点反弹了2%，就要找机会逐级买入了。

让我们一起来看看从1998年7月到11月如何把这个交易策略应用到思状高收益债券基金上面的。我会说明我当时的交易情况。

道琼斯在7月17日创造了顶部9337点。两周后的7月31日道琼斯下跌了450点，预示着还要继续下跌。正如图15.2所示，同一时期思状高收益债券基金只是从12.11下跌到了12.07。它当时的最高点是12.13。交易者应该把11.89作为出场点。它在8月13日碰到了11.89。请注意看图15.2中垃圾债券基金是如何从7月28日开始一路下跌的，且中间没有任何反弹，这也表明了垃圾债券基金的趋势持续性。

从1990年开始，垃圾债券基金在8月表现都是最差的。这是因为对冲基金在全球卖出涉及俄罗斯、亚洲和拉丁美洲的流动性差的品种。思状高收益债券基金最终在10月20日到达底部10.59。11月4日它从最低点上涨了2%，涨到10.80，此时交易者应该进场做多。从10月29日到11月底，思状高收益债券基金没有一天下跌，再次说明了垃圾债券基金的趋势持续性。

2%的原则对思状高收益债券基金很管用。这个原则只是我的原则之一，通常我都是快进快出的。比如我在11月29日就把思状高收

图15.2 思状高收益债券基金，1998年7月1日到1998年11月30日

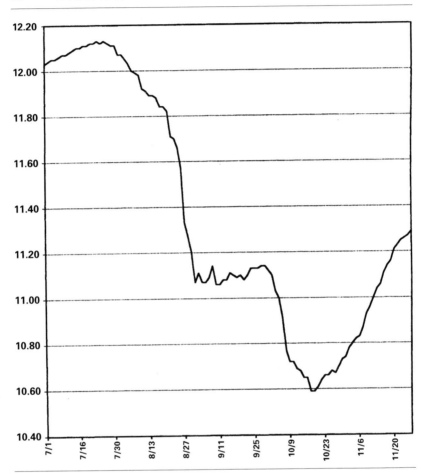

益债券基金全部卖光了，这离12.13的最高点只差几分钱。

我还没有等到思状高收益债券基金从最高点下跌2%就出场了，因为我认为股市的弱势迟早会传到垃圾债券上面。我在10月15日再次进场的价格是10.65，这个价格比10月20日的最低点10.59仅仅高6分钱。然后我随着垃圾债券基金的上涨慢慢加仓。我在2%上涨原则之前就进场的原因，是艾伦·格林斯潘对垃圾债券和普通债券之间的价差表示担心，这也是他在10月15日降低贴现率的主要原因。

当美联储主席站在你这一边时，你交易的信心有多强？我还记得美联储主席最后一次对垃圾债券基金的评论，当时是1997年2月底，他对垃圾债券和普通债券之间正在缩小的价差表示担心。垃圾债券市场立刻进入了为期1个半月的混乱。

没有特定的原则说垃圾债券基金要和股价同时下跌。1996年7月股市下跌了7%以上，而垃圾债券几乎没动。

从过去的历史数据来看，垃圾债券基金和股票波动的相关度是52%，和10年期债券波动的相关度是41%，剩下来的7%和特定的基金有关系——比如基金具体的投资组合如何。这也是我特别喜欢垃圾债券基金的另外一个原因。我见过有些时期股价表现萎靡不振，而垃圾债券基金却在上涨。有时候普通债券表现不行，但垃圾债券基金却很强。由于垃圾债券独立于股票或普通债券，有时候持有垃圾债券基金等于持有了两者中最好的品种。如果股票和普通债券同时疲软，这对垃圾债券来说就是毒药。1994年就是这种情况，结果导致垃圾债券基金平均下跌了3%。

垃圾债券的价格也有周期性，但没什么价值。它和股票一样，也有1月效应。《巴伦周刊》的专栏作家杰奎琳·陶赫蒂引用了马丁·弗里德森的话，指出统计表明1月的上涨表现最明显[1]。从1985年到1986年，高收益债券1月的平均收益是1.85%，而所有月份的平均收益是1.01%。弗里德森是美林公司首席高收益策略分析师，他被认为是垃圾债券基金市场的大师。

我能证明1997年到1999年的垃圾债券市场确实有1月周期性。我在1月持有的垃圾债券基金仓位总是比平时高，而且都是有回报的。多年来，垃圾债券在1月的动量都会传到2月。

# 垃圾债券基金业绩的变化

不同垃圾债券基金每年的业绩变化通常都不大。考虑到我用很多钱交易垃圾债券基金，即使多赚几个百分点也是很关键的。

---

注 释

①杰奎琳·陶赫蒂，"交易点数"，《巴伦周刊》，1997年12月29日，第13页。

垃圾债券总有好坏之分。好的垃圾债券评级比较高，发行债券的公司也会被升级到可投资级别。持有高级别垃圾债券的基金的跳动性小，收益也比持有低级别垃圾债券的基金少。很多时候垃圾债券基金需要在自己的投资组合里面加入一定比例低风险的普通债券。

先锋高收益公司基金就是持有高级别垃圾债券的基金。和德莱弗斯高收益基金这样的持有低级别垃圾债券的基金相比，先锋高收益公司基金的波动就比较小，利息也比较低。在1998年这样的糟糕时期，高级别垃圾债券基金的收益要明显比其他垃圾债券基金高很多。先锋高收益公司基金在1998年的收益是5.6%，德莱弗斯高收益基金则亏损了15.8%。不过到了好时期，主角就转换了。1999年头4个月德莱弗斯的收益是16.7%，先锋的收益是3.1%。

搞清楚你的基金持有了什么类型的垃圾债券是很重要的。有些垃圾债券基金专门投资于刚从破产中复苏过来的公司，而其他垃圾债券基金则持有拉丁美洲的债务比较多。还有些垃圾债券基金重点赌某个板块的表现，比如电信板块和电视广播板块。

我过去基本上是投资于思状高收益基金。为了阻止交易者和时机交易者的频繁交易，思状对于在6个月内卖出的行为征收1%的赎回费。交易者没办法只好去做景顺高收益基金。结果景顺决定从1999年5月1日开始对在90天内卖出的行为征收2%的费用。

考虑到我过去总是把垃圾债券基金当做暂时的现金储蓄所，我现在真不知道如何面对征收交易费的局面。两面神有一个高收益基金，还不收赎回费。我过去也交易过两面神高收益基金，只是它不是我喜欢的品种。

思状还提供了短期高收益基金和全球高收益债券基金，目前，它们还是不收赎回费的，很多交易者把它们当做现金储蓄所。短期高收益基金的收益比思状的其他高收益基金的收益低很多，当垃圾债券价格上涨时，你能赚到的钱不多。当然了，如果碰上了1998年这样的坏时光，你也不会亏很多。实际上在1998年短期高收益基金是所有垃圾债券基金中的明星，它当年的收益是8.3%。

182

# 查看垃圾债券基金的价格

我会在每个交易日收盘后查看一些垃圾债券基金的收盘价，以了解市场的强弱。我跟踪的基金有思状、景顺、两面神、托马斯罗普里斯、价值线、德莱弗斯和忠诚公司的基金。

在日内查看垃圾债券基金是个问题，我得解决这个问题。你只有知道了垃圾债券基金在日内的表现，你才可以在收盘前做出交易决定。我采用的方法是查看纽约和美国交易所的封闭型垃圾债券基金。但我发现封闭式基金和开放式基金的每日净值变化之间没什么有价值的联系。

# 第16章

# 交易股指期货

我不想为股指期货新人做长篇大论式的指导。我假定你对股指期货已经比较了解了，或者你交易过股指期货。股指期货是每天推动股市的引擎。如果你确实有以交易为生的想法，即使你不交易股指期货，你也必须了解股指期货的微妙之处。

股指期货的主要品种是芝加哥商业交易所的标准普尔股指期货。标准普尔股指期货合约的价值是指数的250倍。比如，标准普尔期货的价格是1300点，那么它的合约价值就是1300的250倍，也就是32.5万美元。标准普尔股指期货波动一个点就是250美元。如果你听不懂，就简单理解为股指期货波动了1点相当于总价值波动了100点；股指期货波动2点相当于总价值波动了200点，以此类推。1999年初，标准普尔平均每天的波动是每份合约24点，也就是6000美元。

芝加哥商业交易所负责规定标准普尔的起始保证金。根据市场波动性的大小不同，保证金的政策会不时改变。1999年3月，交易所规定的标准普尔合约最低保证金是20625美元。不同经纪公司对保证金的要求也会有所不同。大部分经纪公司是在交易所的最低保证金基础上再加上几千美元。你用20625美元控制了价值32.5万美元的股票，这就是股指期货的杠杆效应。

如果你是日内交易者且不留过夜仓，经纪公司会让你用比较低的保证金进行交易。我的经纪公司就可以用1.25万美元交易标准普尔股指期货。根据你的账户情况和你交易时间的长短，有些公司可以让你用更低的保证金进行日内交易。

在期货交易所场外的电子盘还有迷你版的标准普尔股指期货。迷你版的合约也叫电子迷你，合约的价值是价格的50倍。如果期货的价格是1300点，那么电子迷你合约的价值就是6.5万美元。保证金是标准普尔股指期货合约保证金的1/5。

科技板块为主的纳斯达克100指数也有期货合约，我喜欢交易这个。纳斯达克100股指期货合约的价值是价格的100倍。最近纳斯达克100股指期货合约的价格是2100点左右，那么它的价值是21万美元。起步保证金是13770美元。这个期货合约在1999年波动性很大，通常日内的波动范围是5000美元到7000美元之间。

其他股指期货包括小盘股为主的罗素2000指数、中盘股标准普尔400指数、日经指数、价值线指数、纽约综合指数、道琼斯工业。除了道琼斯股指期货是在芝加哥交易所交易的，大部分股指期货合约流动性差，不适合日内交易。

# 我的股指期货交易记录

图16.1出现在我的第一本书《实现赚钱的日内交易梦想》[1]中，它显示的是我交易期货的10年资金曲线。老实说，利润一般般。但我是用不到1万美元起步的，这10年间的年收益是惊人的80%。我不想做一个只交易一份合约的交易者，我的股指期货的利润也说明了这点。然而，如果不是股指期货的微薄利润，我也没钱交易共同基金并积累到几十万美元。

有人经常批评我，说我交易股指期货时才交易1份合约，这太保守了。但是成功交易者的特点就是知道自己的极限在哪里。以我为例，我在心理上不能承受亏损或把利润回吐了。如果我的资金曲线出现了大的回调，这会要我的命，我宁愿不交易了。如果让我交易5~10份股指期货合约，这就太激进了，亏损的风险太大，一旦亏损，我的心态将永远无法恢复。

我在1985年的主要计划是通过交易共同基金为生。但当时我只有2200美元，交易共同基金是不划算的。我需要通过其他方式把资金累积到一个比较高的水平，这样交易共同基金才比较好。因为这个原因，我一直很感激股指期货。我通过股指期货赚到的小钱源源不

---

注 释

①加里·史密斯，《实现赚钱的日内交易梦想》，萨克拉曼多：高级交易论坛公司，1995年。

图16.1 加里·史密斯真实的股指期货资金曲线，1985年3月到1995年3月

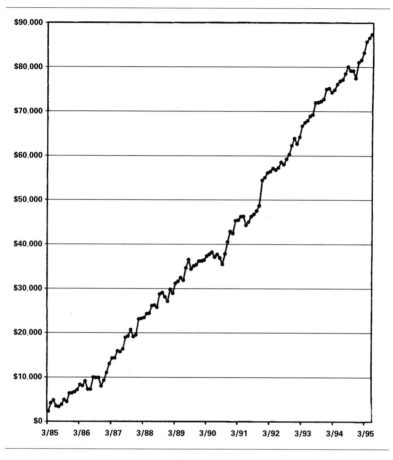

断地累积成大利润，这样我才能利用这个跳板转到共同基金上面。

日内交易股指期货必须具备两个特点，这两个特点也是我交易共同基金获得成功的关键：敏捷和灵活。不管你交易哪个品种，你必须做到敏捷和灵活。股指期货日内交易则可以尽快地告诉你什么叫敏捷和灵活。

# 研读报价机的报价

我在60年代末开始研究如何研读报价机的报价。当时我的很多

同学还在利用业余时间聚会讨论越战，有支持的，有反对的，我则利用自己的时间研究如何赚钱。不上课的时候我就去当地的股票经纪公司，坐在七八十岁的老交易者旁边，当报价机的报价出现在经纪公司前面的墙壁上时，我兴奋不已。

现在回头想想，我在那4年研究股价波动的收获比读4年大学学到的东西要多很多。我从报价机的报价中学到了两个重要的东西，一是如何发现累积和派发之间的信号和背离，二是如何决定市场中价格的趋势倾向。当然了，在毕业前阅读几次《股票作手回忆录》是没有坏处的，这本书写的是杰西·利弗莫尔的故事，他是研读报价机价格高手中的高手。

由于电脑的出现，研读报价机报价的艺术已经失传了。交易者不再需要报价机来判断市场的行为模式。把数据输入电脑并得到进场和出场信号就简单多了。还好，财经频道还在提供报价机报价，我仍然可以像60年代那样锻炼我研读报价机报价的技术。

我的成功很大程度上取决于我研读报价机报价的技术。研读财经频道报价机报价的细节用一本书都讲不完，更何况这还涉及个人的经验和认知能力。你在本章可以看到我如何解读财经频道报价机价格的模式。基本上我会看财经频道报价机所有的指数和指标，以找到市场中的强势或弱势。我还特别想找到道琼斯、标准普尔和纳斯达克综合指数等指数之间的背离现象。

# 我最初的日内交易方法

我在1985年春天开始做股指期货的日内交易，没多久日内交易就在交易界流行了。一个做标准普尔的场内交易者告诉我他每天在高低点之间倒腾都能赚钱，他的建议是我在80年代和90年代初做日内交易的基本方法。我后来娴熟到能在标准普尔即将到达日内的最高点和最低点时和市场保持同步。我发现做股指期货日内交易的关键，就是了解价格如何从日内最低点反弹以及从日内最高点回调——更重要的是知道价格反弹或回调的速度和强度。

在1989年财经频道出现以前，我的期货交易主要是靠给经纪公司打电话，每天要打10～12次。为了做好日内交易，我必须知道标准普尔股指期货和道琼斯每天连续的数据，包括最高点、最低点和现价。我还要每个小时给芝加哥期权交易所打电话以了解最新的看跌／看涨成交量（现在《半小时》提供这些报告）。我在80年代末还观察咨询建议情绪指标和大众／专业公司做空情况，现在我也这么做。

从80年代末到90年代中期，我主要寻找3种特定的价格模式，然后再做交易。其中一种模式就是从最低点反弹的方法。当标准普尔股指期货的价格比当日最低点高180点时，你可以在中部时间上午9：20到11：00买入标准普尔股指期货。请注意，本章所讲的关于股指期货的时间都是中部时间。

我还用最高／最低跟踪方法做交易。这个模式是指开盘后的两个半小时之内标准普尔股指期货的价格有45分钟或更长时间在当天的最高点附近。这个模式也可以理解为价格创造了一系列的日内新高，每个新高只是比前一个新高高一点点，创造新高后没有明显的回调。

我最喜欢的价格模式是突破到新高的方法。你在开盘后的50分钟内寻找标准普尔股指期货的最高点。如果在上午9：20到11：00之间突破了那个最高点，你就买入。

我的成功并非是因为盲目地使用这3个价格模式。作为一个研读报价机报价的人，只有当道琼斯、道琼斯运输指数、买卖单和广量交易指标的数据都确认了期货价格的波动，我才会去交易。另外我还会使用第09章到第11章讨论的指标，比如麦克莱伦振荡指标、看跌／看涨比率、大众／专业公司做空行为、月度周期性等。

# 综合使用指标

请看图16.2，1993年11月23日这天是我在早年综合使用各种指标交易的实例。这天我的指标在月线级别、周线级别、日线级别和日内级别都是一致的，所以按照这个价格模式我做多了。以下是我日内交易做多的原因：

- 这是感恩节的前两天，是一个周期性有利的日子。
- 最近的持仓量报告显示大投机者持有的空头仓位几乎达到了

**图16.2　1993年11月23日，标准普尔股指期货1993年12月份合约**

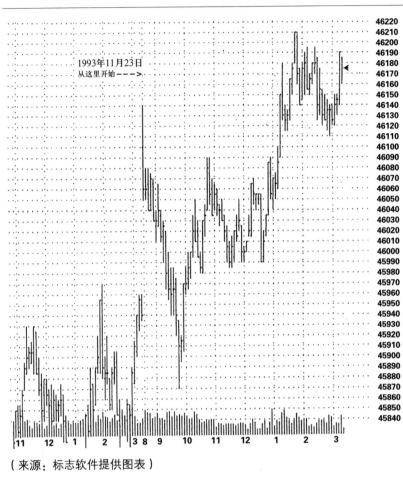

1993年11月23日
从这里开始 - - - >

（来源：标志软件提供图表）

最大，而商业机构净持有多头仓位。

●从反向思考的角度来说，看跌／看涨比率是超级看多的。11月23日之前的4周，标准普尔100指数看跌期权的买入价是本年的最高水平。11月19日和20日，芝加哥期权交易所标准普尔500指数的看跌期权是看涨期权的3倍，这是当年最大的比率。

●麦克莱伦振荡指标在11月23日的数值是-127。这是自1993年以来最超卖的数值。

●《投资者商情》对市场邮件撰写者的调查发现多头的比率是33%，空头的比例是40.9%。这是自1991年1月以来空头最大的数值。

●纽约证券交易所的会员报告表明，自1993年以来，第一次出现了大众做空的数量比专业人士多，净差值超过了1000万股。

●11月23日这天道琼斯公用事业平均指数很强，还上涨了1%以上。

●纳斯达克综合指数和纳斯达克100在11月23日的开盘不是一般的强。过去几天的纳斯达克都很弱，这天似乎每半个小时都在变强。

看到了这么多的看涨指标，只要股指期货的价格做了某种价格确认，我就开始在11月23日做多股指期货。结果在上午11：00，标准普尔股指期货从最低点反弹了180点，这就是等待中的确认。但我没有买入标准普尔股指期货，我买入了一份中盘股股指期货合约。这是因为当天道琼斯和标准普尔基本是横盘的，而中盘股和纳斯达克则是背离性地强。在1993年，纳斯达克100还没有股指期货合约。

中盘股股指期货继续上涨，一直涨到11月23日收盘时。对于赚钱的日内交易，我常常会留到第二个交易日，以期望上涨的强势会持续下去。11月24日确实如此，我平仓时赚了1100美元。但我现在并不建议交易中盘股，这个市场的流动性太差了，现在大家都在交易纳斯达克100股指期货。

# 仅仅交易价格波动

偶尔我会交易纯粹的价格波动，根本不看任何指标。比如，请看图16.3，这是1991年12月2日。这天的价格波动模式很典型，我过去这么多年见过很多次。我纯粹以价格波动为基础的交易理由如下：

●开盘后50分钟内期货的价格在开盘价和当天的最低点之上快速波动。这天开盘有个很大的跳空，这特别值得关注，当天期货向下的跳空接近400点。我发现当期货有很大的跳空缺口时——无论是向上跳空，还是向下跳空——它立刻会向相反的方法反转，这样你就知道了当天的方向。

● 前一个交易日11月29日的波动在13个交易日中是最窄的。狭窄的交易日之后一般都会有突破。

● 开盘50分钟后可能会发生对最高价的最终突破。

● 拉瑞·威廉姆斯的OOPS模式被触发了，OOPS模式指期货开盘价比前一天的收盘价高，然后价格在最高价之下；或者是开盘价

**图16.3  标准普尔，1991年12月2日**

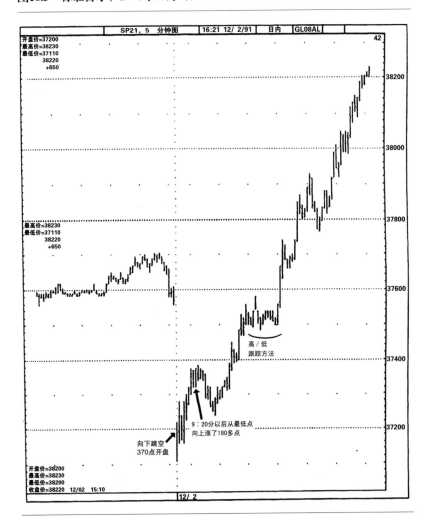

比前一天的最低价低，然后价格在最低价之上。12月2日这天期货的开盘价是372.00，比前一天的最低点374.75低，早盘晚些时候的价格在374.75之上。

因为12月2日是12月的第一个交易日，是周期性比较有利的一天，只要价格有积极的波动，我就准备做多。所以这天因为前面讲的两个原因我就做多了，我还没有等到其他两个理由被触发就进场了。正如图16.3所示，当天一整天趋势都是上涨的，收盘收在最高点。

# 商人的诞生

我交易股指期货的风格让我在交易界赢得了一些名声。很多著名的交易出版机构都采访了我，并刊登了关于我的报道。因为我一直是个小散户，我没想到会受到如此的关注。

如果不是我在《俱乐部3000》业务通讯邮件上时不时发表刻薄的文章，我恐怕一直是个无名小卒。我从1991年开始在《俱乐部3000》上面揭露骗子的真相，这些骗子用无尽的财富来欺骗天真的散户。我甚至向销售圣杯系统的商人发出了挑战，我叫他们要么给出真实的交易结算单，要么闭嘴走人。因为我愿意贴出从1985年开始的交易结算单，这点让我出名了。

布鲁斯·巴布科克邀请我于1992年9月去他的交易研讨会发言。我当时还没有准备卖什么东西。宣传单上面说："加里·史密斯是活生生的证明，他证明了小小的日内交易者也能持续一致地赚钱。"现场观众对我的积极认可让我感到吃惊，很多人鼓励我把自己的交易策略写成书或小册子。

也就是在这个时候我交易的共同基金的利润超过了交易期货的利润。我要把钱从交易账户拿出来缴税，这是个问题。依靠交易的利润生活本身就很难，同时还要累积财富就更难，于是我想到了把交易小册子卖出去以缓解缴税的压力。因为我当时兼职做保险调查员，我的基本生活费是没问题的。

1992年11月，我首次推出了价值99美元的《赚钱的股指期货日内交易》。我通过《俱乐部3000》获得的名声和1992年12月《期货》杂志对我的报道都对小册子的销售提供了帮助。从那时到1995年12月，期间我不停地更新并销售这本交易小册子。

1995年下半年我放弃了做生意，并把我的交易小册子移交给布鲁斯·巴布科克，他把这些内容编成了我的第一本书《实现赚钱的日内交易梦想》。我不做生意有几个原因。主要原因是我的名声来自我的交易能力，不是来自我的销售能力。我希望别人把我当做实战家，而不是空谈家。

做生意也是一个积极的经历。写作小册子促使我更好地整理自己的交易方法，使我成为更好的交易者。我还被介绍给各种交易者，他们还买了我的资料。买我资料的人包括什么都不懂的人、理查德·丹尼斯培训的海龟们以及杰克·施瓦格在《市场奇才》里面报道的几个人。

我做生意时的负面结果就是我想开发机械日内交易系统。我在小册子里和各种期刊中都坦白地讲了我反对用纯粹机械交易的方法日内交易股指期货，所以我根本不应该去研究机械系统。我想把我主观交易风格编成机械公式，但是我发现主观方法太微妙了，无法编程。

我大部分的机械系统都是上午9：20到11：00突破到新高的变型。曾经有一小段时间，我的几个突破系统被《期货真相》[①]评为顶尖的标准普尔日内交易系统。《期货真相》是一家独立的商业交易系统测试公司。现在偶尔还有感到满意的客户给我打电话，说我的突破系统表现得多么地好。很显然，他们对我原来的参数做了修改。根据我的观察，因为在90年代末市场的波动性增加了，如果用我的机械突破系统会亏损很多的。我原来的价格模式对我还有用，但我要做一些过滤。

## 策略改变

过去几年我改变了一些股指期货日内交易的方法。我完全放弃

---

注　释

①《期货真相》公司，邮政编码28791，北卡罗来纳州亨德森维尔市，山边路815号。

了买卖单指数，也很少看麦克莱伦振荡指标。至少对我而言，这些过去有用的指标现在基本没用了。我现在主要看道琼斯、纳斯达克综合指数和标准普尔的价格。我也会看道琼斯公用事业指数、广量交易指标和道琼斯运输指数。我还查看芝加哥期权交易所的指数期权（标准普尔100和标准普尔500）的成交量，但是作为日内交易，这个工具意义不大。

我过去还有严格的交易原则，不在上午开盘后50分钟交易，不在上午9：20分以前交易，不在11：00以后交易。我现在在开盘后35分钟就交易了，而且在成交量极低的中午12：30到1：30分也频繁地进行交易。标准普尔股指期货一直在变，你必须跟着变。

最近几年人们习惯于在中部时间上午9：00发布重要的经济报告。作为对报告的反应，报告公布后很快期货就有大波动，所以在9：05分下单也很正常了。

我在第一本书提到了中部时间中午1：00到1：40是死亡时段，因为在这个时段会出现很多逆向的恐怖趋势。市场当天一开始是强劲上涨或下跌的，然后出现的这种逆向波动是很明显的。自1995年市场波动加大以后，死亡时段的波动简直就是地震。现在这个时段移到了中午12：30到1：30。

死亡时段的趋势反转是当天最厉害的。既然死亡时段模式有利可图，我真搞不懂为何销售梦想的商人从来不兜售死亡时段系统。在死亡时段的向下反转比向上反转要可靠。这是因为股市这些年的倾向就是上涨的。我知道一个交易者，只要价格在12：15到12：30之间下跌了0.75%以上，他就买入，结果他做得很好。当然了，他还有自己的过滤器，这点只有他自己知道。如果市场在12：30到1：30之间发生了大跌，他的方法很有效。

# 做空股指期货

我在前面已经解释了，我讨厌做空股市。我几乎一直在做多，没有受到任何伤害，甚至在股市下跌的时候也是如此。但我偶尔也做空股指期货。我一直到1994年底才摸索出做空模式，这个模式交易用起来还是很舒服的。但随后就遇到了有史以来最疯狂的牛市之一。从1995年开始这个模式出现的概率不算大。

在做空模式中，我想在上午9：00到9：45之间看见期货价格创造了新低，然后我希望它们一直在最低点附近，几乎不反弹，然后再等待出现新的最低点，还是没有反弹。这个模式的关键就是广量交易指标在价格下跌的这段期间要慢慢地上涨，而且它的值必须是0.95或更高，如果广量交易指标的值低于0.90，那么就不要考虑做空了。

图16.4显示的是1994年12月8日我喜欢的做空模式的例子。期货

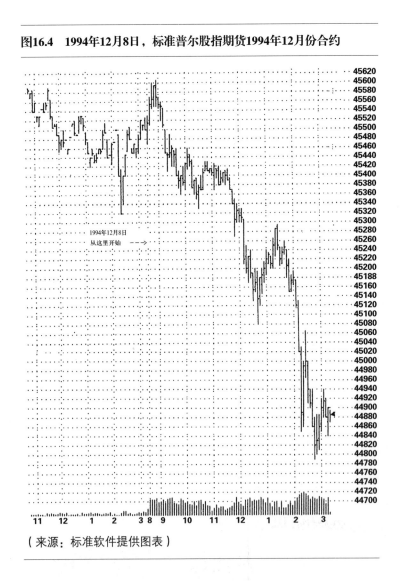

**图16.4 1994年12月8日，标准普尔股指期货1994年12月份合约**

1994年12月8日
从这里开始 - - →

（来源：标准软件提供图表）

196

在这天上午9∶20左右开始创造了新低，请注意在创造了新低后几乎没有任何反弹。实际上价格在最低点附近并继续创造更低的低点。广量交易指标的值大于1.00，我在这天做空了。如果广量交易指标的值小于0.90，我是不会做空的。

# 目前的交易技术

我一直在提炼和简化我的股指期货日内交易策略。我简化的部分动机来自唐纳德·斯利特在《赢家操作策略》[①]中的发言。这本1995年出版的书的作者是霍华德·阿贝尔和罗伯特·康普尔，本书描述了一些顶级交易者的方法。斯利特从1986年开始就是芝加哥商业交易所的场内交易者，他专门做标准普尔股指期货的日内交易。书中说他平均每天交易几千份期货合约。

斯利特被问到他的交易策略是什么，他说无非就是掌握强势和弱势。让他说具体点，他就说："如果道琼斯弱，我就短线做空；如果道琼斯强，我就短线做多。"本书的作者简直不敢相信交易所场内最大的交易者之一竟然用这么简单的策略。

在有些方面，我研读指标的方式和斯利特通过道琼斯来判断标准普尔股指期货的方式不同。我承认斯利特是做短线的，他快速地交易，以获取小利润。我要寻找的方法是可以持有到收盘前的，甚至能持有到第二天。

我在几年前开始使用唐纳德·斯利特策略的某个变形版本，我对结果很满意。一开始我是寻找标准普尔现货和道琼斯的主要背离产生的交易机会。我的首要原则是道琼斯波动8点应该等于标准普尔现货波动1点。一旦我看见有不同的表现，我就从其他指标中找到确认的信号并开始行动。

为了更好地理解我是如何利用道琼斯和标准普尔现货的背离来交易股指期货的，请看图16.5中我在1997年1月6日的交易。这天上午9∶45分我的突破到新高的模式出现了。如果是在过去，我恐怕要根

---

注　释

①霍华德·阿贝尔和罗伯特·康普尔，《赢家操作策略》，芝加哥：普罗布斯出版公司，1995年。

据这个模式做多了，因为市场很强，道琼斯涨了44点。但是我看见了一个预警信号，标准普尔现货只涨了3.43点，它要涨6点才能确认道琼斯的力度。这种背离让我不敢做多了，但还不至于让我做空。

　　上午11∶00左右，道琼斯碰到了当天的最高点，上涨了74点，但是标准普尔现货只涨了5点，这个负背离越来越明显了。更引人注

**图16.5　1997年1月6日，标准普尔股指期货1997年3月份合约**

（来源：标准软件提供图表）

目的是广量交易指标突然开始从0.96上涨到1.00以上，这表明道琼斯和标准普尔现货的负背离只能靠下跌来解决。

我做空了一份纽约综合指数的合约，你从图16.5可以看出，标准普尔股指期货崩跌了并收盘在最低点。我一直持有到第二天才平仓，赚了2300美元。我知道这只能算是唐纳德·斯利特判断强势或弱势的另外一种方法。他是看道琼斯和标准普尔股指期货的关系，而我不是场内交易者，所以我认为看标准普尔现货比较好。

虽然这个新的交易方法让我第二年也赚钱了，但我总觉得少了什么。原来缺少的是纳斯达克综合指数。有一次我在比较道琼斯和标准普尔现货、纳斯达克综合指数的时候，发现标准普尔股指期货的日内方向是可以解读的。财经频道在电视上（屏幕右下方）播放道琼斯、标准普尔现货和纳斯达克综合指数的时候很轻松地解释了这个方法。当你观察这3个指数的相互关系时，市场的强弱就跳入了你的眼帘。

让我们看看1999年3月18日道琼斯、标准普尔现货和纳斯达克综合指数的相互关系。这天的背离太惊人了。你从图16.6可以看到，期货向下跳空570点开盘，开盘价是1306.50，但它们立刻反转并开始上涨。这种波动本身就告诉了有经验的日内交易者当天的最低点已经出来了。请注意期货是如何被限制在1315到1319的狭窄空间的。很多交易者以为自己已经错过了大波动，所以他们就休息了。

在3月18日提前休息是个错误。道琼斯在上午10：05分只涨了3点，标准普尔现货则上涨了5.13点，同时纳斯达克综合指数上涨了7点。当时道琼斯波动4点相当于纳斯达克综合指数波动1点。标准普尔现货、纳斯达克与道琼斯的超级背离表明价格只能上涨。道琼斯运输指数上涨了47点，道琼斯公用事业指数上涨了2.61点，这真是火上浇油啊。正如图16.6所示，股指期货狂涨，并收盘在最高点。

关于这个背离方法的一些附加说明：对于任何形成中的背离，要等到上午10：00才能判断其重要性。我发现道琼斯、标准普尔现货和纳斯达克的背离只能确认未来一两个小时的强弱，并不能说明一整天会如何。

这个方法的首要原则是当标准普尔现货和纳斯达克综合指数相对于道琼斯比较弱时，市场和标准普尔股指期货在未来一两个小时

**图16.6　1999年3月18日，标准普尔股指期货1999年6月份合约**

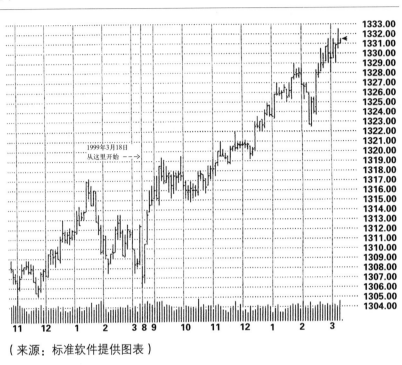

（来源：标准软件提供图表）

会下跌。相反，当标准普尔现货和纳斯达克综合指数相对于道琼斯比较强时，市场和标准普尔股指期货在未来一两个小时会上涨。

　　交易中的任何原则都不能死套。我现在还在使用这个交易策略，它还是有用的。我见过有时候市场突然狂涨，且道琼斯比标准普尔现货和纳斯达克都强。对于影响到交易策略的市场变化，交易者一定要跟着变化。1999年4月就发生了这样的变化，我在第12章讲过了，道琼斯突然领导了市场。然而，这种控制是暂时的，到了6月底纳斯达克100又取得了控制权。

# 交易纳斯达克100股指期货

　　我比较喜欢的股指期货是纳斯达克100（请看第12章）。过去

200

几年股市一直受科技板块的领导——主要是微软、戴尔、思科和英特尔。这些股票加上全球通讯股票导致了纳斯达克100每天的主要波动。

1985年纳斯达克100股指期货刚上市时，我就喜欢上了这个品种。很可惜，因为流动性的问题，纳斯达克100股指期货命不长。纳斯达克100在1996年4月又回来了，这些年来它的成交量在稳步增加。

芝加哥商业交易所最近又推出了电子迷你版的纳斯达克100合约。期货每点的波动相当于20美元，而大合约是100美元。根据目前的价位，迷你合约的价值是4万美元左右。我对这个新合约的出现感到激动，希望不会有流动性的问题。和大合约相比，迷你合约真的是很好的投资和交易选择。最近市场波动厉害，纳斯达克100合约每天的波动是7000美元，甚至更大，迷你合约则不会有这么大的波动。

纳斯达克100除了在科技板块的比重很大之外，我喜欢它的另外一个原因是它有趋势性，不管是日内级别还是周线级别，看起来都比标准普尔要纯粹，且有持续性。纳斯达克100在日内的强势趋势很少会反转——如果纳斯达克100在日内的趋势反转了，你可以判断这次反转是真实的并顺着新趋势方向下注，因为新趋势也是强势的，且是持续的。

在交易纳斯达克100股指期货的时候，我关注财经频道上面的两个科技指数——半导体板块指数（SOX）和摩根斯坦利高科技指数（MSH）。SOX是16只半导体股票的指数，MSH是9个科技板块35只股票的指数。如果我想买入纳斯达克100，我不希望看见这两个科技指数表现弱势，出现背离。很多时候只要紧盯着SOX和MSH就能找到纳斯达克100指数的方向线索。

让我吃惊的是兜售系统的商人竟然不够聪明，他们没看见纳斯达克100的趋势性。部分原因可能是大部分交易者都没有这个合约的历史数据。上次我检查了，《期货真相》里面都没有纳斯达克100过去的日内数据。我可以打赌，过去几年在标准普尔上面业绩好的机械系统在纳斯达克100上面的业绩更好。因为纳斯达克100的趋势太好了，我估计我的开盘区间突破方法会更好用。

# 不再重复的模式

这些模式只是让你了解标准普尔股指期货和股市的日内波动。标准普尔股指期货和股市通常不是同样的模式，尤其在下跌时更是每天都不一样。比如说在周二股指期货开盘下跌了几百点，然后当天越来越低。因为价格在当天是下跌的，那么周二的开盘价就应该是在当天的最高价附近了。如果周三再发生同样的模式就不正常了。所以如果股指期货开盘时还是向下跳空的，那就可以期待当天的趋势会反转并涨得高些。

这些不再重复的模式在死亡时段和收盘前的一个小时特别有用。比如，如果周三在死亡时段出现了严厉的反转，那么周四就不会再出现同样的情况。同理，如果在收盘前一个小时市场在卖出，那么第二天收盘前一个小时就不会再出现卖出的现象了。

我知道一些交易者在玩这种不再重复的模式，不过他们是在连续两个相似的交易日后交易的。他们的逻辑是两个相似的交易日之后不会再重复同样的模式，那么第三天最有利可图。因为过去几年股市的大趋势是上涨的，那么下跌模式不会重复的概率比上涨模式不会重复的概率大。请注意这些不再重复的模式不适用于周一到周五，只适用于每周连续的几个交易日。

# 观察芝加哥电子期货交易系统的价格

标准普尔股指期货几乎所有的成交量都发生在芝加哥商业交易所中部时间上午8：30到下午3：15分。交易所在收盘后30分钟就打开了芝加哥电子期货交易系统，这个系统会运行到第二天上午8：15分。因为芝加哥电子期货交易系统没有成交量，所以我不建议在交易所收市后交易。但我会观察芝加哥电子期货交易系统，这样就能比较了解整体市场在第二天的开盘情况。

如果知道标准普尔现货和股指期货的价差，就能知道价差和公允价值有没有偏差，这样就可以编成买卖系统并在开盘时发出信号。要想了解公允价值和价差的关系是很复杂的，这涉及短期利率、分红、期货到期日等因素。

财经频道的报价机下面会显示公允价值，你每隔几分钟就会看见不同指数和指标的价格。当标准普尔500现货的净值播出以后，你会看见"Prem"，后面是数字，然后你会看见"FV"，后面也是数字。以下是1999年4月6日当天财经频道报价机的数值：

S&P 500　1323.25　+2.13　Prem　10.55　FV　9.90

这些是日内的价格，表明标准普尔现货相对于前一个收盘价上涨了2.13点。"Prem"表示最近期的标准普尔股指期货相对于标准普尔现货的升水。在本例中，升水是10.55点，这意味着股指期货的价格是1333.80点（1323.25+10.55）。"FV"是公允价值，期货的公允价值是9.90点或是1333.15点（1323.25+9.90）。期货和公允价值的高低关系可以用升水和公允的差来表示，本例中是0.65点（10.55−9.90）。

继续讲这个例子，假如说到了下午3：15分，标准普尔股指期货的收盘价是1338，纽约证券交易所当天标准普尔现货的收盘价是1323.10，这样期货相对于现货的升水接近15点（1338−1323.10）。公允价值是9.90，那么期货的公允价值是1333.00（1323.10+9.90），期货的收盘价比公允价值高5点（1338−1333）。当纽约证券交易所第二天上午8：30分开盘时，买盘就会进入市场，对冲者就会在纽约买入股票，在芝加哥卖出期货。

因为股指期货和公允价值有价差，本例中是5点，那么买盘会推高标准普尔指数现货的价格。同理，考虑到标准普尔指数现货波动1点相当于道琼斯波动8点，可以期待道琼斯在开盘后上涨40点左右。

因为我想知道纽约证券交易所的开盘情况，所以查看芝加哥电子期货交易系统对我很重要。很多时候全球市场的新闻或事件会影响到标准普尔期货，导致它们相对于公允价值会出现升水或贴水。请注意，不是芝加哥电子期货交易系统期货上涨或下跌了多少，而是期货和公允价值的价差会影响到第二天的开盘情况。

# 机械交易系统

在期货市场诈骗事件很多，这不是什么秘密（也许股市也是同

203

理）。很多开发交易系统的人花费了大量的时间做曲线拟合，让他们的系统看起来像圣杯系统一样。这些优化过的系统售价从995美元到2995美元不等，有些更贵。

只要开发者懂一点销售知识，他们就可以把系统卖出50～75份，这样他们就能赚到10万美元，这样的系统在做测试时效果不错，实战时就不行。如果这些人采用了激进的直邮推销模式，那么他们赚的钱更多。我知道一个人用3000美元的价格卖出去200份系统，而且我知道他的系统有问题。

专业的系统开发者变成销售者是一个循环，这个循环永远不会结束。他们会一直推出更新更好的系统。但这些销售梦想的商人很少用自己的系统。他们也许很贪婪，但他们不傻。他们知道兜售交易系统比用真钱交易优化过的系统好多了。

有几个销售交易系统的商人说他们有交易结算单来证明他们的系统。如果我要买交易系统，我就买这样的系统。

# 《期货真相》

《期货真相》公司位于北卡罗来纳州的亨德森维尔市，它出版的是双月刊，负责报道100多个商业交易系统的业绩。《期货真相》还提供其他服务，比如提供报道商人和他们系统的个人观点邮件，报道中有资金曲线和简短的业绩总结。《期货真相》会测试个人交给他们的系统并针对业绩结果提供更好的建议。

任何研究机械交易系统的人都要看《期货真相》的双月刊。这份杂志的文章囊括了系统设计、系统开发、书评、编辑评论以及对销售圣杯系统的商人的采访。这份杂志最大胆的做法就是公布了大师业绩表，这份表格包含了已经公布的系统的业绩，还包含了这个系统在过去几年每个月的业绩。它还对每个交易系统做了统计分析，包括胜率、平均的利润、平均的亏损和连续亏损次数。

《期货杂志》大师业绩表中最让人大开眼界的就是资金曲线最大回撤的统计，这项统计回溯到系统公布日或1年前。资金曲线最大回撤能告诉你，如果你在最糟糕的时候开始用这个系统交易你最多会亏多少。我认为，大部分销售中的交易系统资金曲线的最大回撤太大了，不适合交易。

因为所有的系统都被优化过了，所以随着时间的推移大部分系统的业绩都会下降。认真研究大师业绩表就能证明这点。这些系统的业绩还有随机性，某个系统在第一年的业绩也许是前10名的，到了第二年常常变成了倒数的。

我不会像过去那样强硬地反对交易系统。有些交易系统开发者很诚实，也很讲道德，有些系统确实有用。只要看看商品交易顾问和商品基金的业绩就能明白很多道理了。80%的商品交易顾问采用机械系统交易，其中很多人能实现多年持续赚钱。当然了，他们使用的大部分系统不是市面上正在销售的系统，而是自己开发的。

无论如何，正如我在前面解释的，我自己永远不会用机械交易系统。我见过的最好的交易系统，它的资金曲线回撤让我在心理上无法接受。《期货真相》公布的一些顶尖系统还有一个问题，那就是它们有时候一整年都是亏损的，或者是不赚钱的。有个排名一直靠前的系统在1998年亏损了4000美元，这个系统很不错，销售者也很有道德。但是对于像我这样以交易为生的人来说，我是绝对不能接受一整年都不赚钱的，哪怕亏损一个月都会让我受不了。如果你要用系统交易，必然会遇上亏损的，这就是现实。你必须为一整年的亏损做好心理准备。

我说过，我曾经有段时间在开发针对标准普尔的日内交易机械系统。大部分交易系统我都研究过了。我还以250美元的价格卖过一个系统，当时我决定只卖50份。不过我吃了亏，我决定再也不犯这个错误了。让我伤心的是，我每卖出去一份，就有10个交易者免费得到了这个系统，如此一来就会有很多订单同时撞车，这让我很头痛。最终结果就是滑点亏损带来的不幸。

我一直很想写一本书揭露销售交易系统的诡计——也许书名就叫《无赖、骗子和冒充内行者》。我记得一个兜售交易系统的人，他房子不够用，手上没钱，他就把一个毫无价值的系统以2.5万美元的价格拿出来卖，不管你信不信，他还真卖出去了几份。

# 一个不错的标准普尔日内交易系统

不好意思，我在前面说了一些不讨好的话。这个系统在过去3年（1996年到1998年）赚的钱比同时期《期货真相》跟踪的日内交易系统赚的钱要多。《期货真相》跟踪的很多日内交易系统的售价在3000美元左右。你可以在我提供的这个系统上面做做装饰，然后自己拿出去卖。如果你懂销售中的操控艺术，也许你可以赚几十万美元。

几乎所有的销售中的标准普尔日内交易系统都是靠两个元素打造起来的：开盘的动量和回撤。开盘的动量也叫开盘区间突破，它的理论基础是一旦标准普尔突破了开盘附近的点位，那么这个趋势将会持续到收盘。回撤的理论是说一旦标准普尔碰到了某个价位水平并反转了特定的百分比，那么新的趋势就形成了。

我在这里提供的系统是开盘区间突破系统，没有采用回撤元素。

## 系统1：周一／周二开盘区间突破

这个系统只能用在周一和周二。一旦价格突破了开盘价加上过去10个交易日真实波幅的30%，你就做多（买入）。一旦价格跌破了开盘价减去过去10个交易日真实波动的60%，你就做空。如果你在收盘前没有被止损，你就用300点作为止损点。这个系统不是回调系统，是一个反转系统，偶尔你要在一天交易两笔。如果市场突破了开盘区间向上，然后又反转并突破开盘区间向下，你就要交易两笔了。

当你计算真实波幅的时候，请忽略芝加哥电子期货交易系统的价格。我想明确地告诉新人，对于开盘跳空的情况，真实波幅和事实波幅是不同。这里有一个例子，以区别真实波幅和事实波幅：

| 前一个交易日的收盘价 | 开盘价 | 最高价 | 最低价 | 收盘价 |
| --- | --- | --- | --- | --- |
| 1302.50 | 1305.50 | 1321.80 | 1304.60 | 1320.60 |

这个交易日的事实波幅是17.20，也就是用最高价减去最低价。真实波幅则是19.30。因为跳空开盘的原因，有时候真实波幅比事实波幅大。在本例中，开盘是向上跳空开盘的，当天的最低点比前一个交易日的收盘价高。真实波幅的定义是前一个交易日的收盘价和今天的最高价之间取最大值，再减去前一个交易日的收盘价和今天的最低价之间取的最小值。

以下是系统1的业绩总结，《期货真相》用1996年到1998年的数据做了测试。每笔交易扣除了100美元，算做是滑点亏损和佣金。我个人则认为，每笔交易的滑点亏损和佣金用200美元到250美元来计算更能真实地反映标准普尔的交易。

| | |
|---|---|
| 总净利润 | $96,820 |
| 1996年的收益 | $10,943 |
| 1997年的收益 | $37,625 |
| 1998年的收益 | $48,253 |
| 做多时的收益 | $67,530 |
| 做空时的收益 | $29,290 |
| 平均每笔赚钱的交易收益 | $1,765 |
| 最近曲线最大的回撤 | $8,860 |
| 总笔数 | 264 |
| 胜率 | 43.2% |
| 最大连续亏损笔数 | 9 |
| 平均每笔收益 | $367 |

《期货真相》对系统1所做的测试，最让人印象深刻的就是它的资金曲线回撤不大。如果你用系统1做交易，在下跌的趋势中要么做好止损，要么加上趋势元素，要么做空，你会发现这个系统还真不错。

我在写作本书之前去了《期货真相》公司，乔治·普鲁特给了我一个比系统1还赚钱的标准普尔日内交易系统。普鲁特是《期货真相》研究部门的主管，他用5分钟就开发了这个系统。

普鲁特的系统是开盘区间突破系统，他使用了系统1的参数，并结合了回撤元素。他的系统和我的系统不同，普鲁特的系统可以整周交易。

他的系统中的回撤元素有一个触发点，这个触发点是前一个交易真实波幅的75%加上（做空时）或减去（做多时）前一个交易日的轴点价格。一旦碰到了触发点，你就在把你带到了前一个交易真实波幅的25%加上轴点价格的回撤初做空。要想做多，你就寻找把你带到了前一个交易真实波幅的25%减去轴点价格的回撤处。轴点价格是当天的最高价+最低价+收盘价，再除以3。

如果你听起来头昏，不要难过，因为我也头昏。我之所以提到普鲁特的系统，只是想说明很多售价几千美元的系统的概念和普鲁特的系统是相似的。

# 短线做标准普尔为生

我在本书的开头部分曾经提到一个交易者，他想找到成功交易的钥匙，但结果却是绝望的。为了追求成功，他看到一个交易出版物的封底上面有关于日内交易标准普尔为生的广告，他就找去了。他犯了大错误，听完课程以后，他把大部分资金都亏掉了。给他上课的那个商人后来被商品期货交易委员会判定终生禁入期货行业，这就不奇怪了。这个商人涉嫌造假，用假的期货交易工具欺骗潜在的客户，骗取客户钱财，他以上述罪名被起诉了。

传授大众如何日内交易标准普尔是个大生意。很多商人收取的学费高达每年10万美元，甚至更多，还要提前几个月报名才有上课的机会。据说对于895美元到1.5万美元的课程，你可以学会如何短线做标准普尔，每天只要交易4～6笔。通常就是采用很紧的止损并赚取小利润。

我曾经有多年公开反对商人兜售标准普尔日内交易的课程。我请求、哀求、哄着那些课程的老师或学生们给我一些证据来证明他们学的东西是有用的，我只要过去18个月的交易结算单就行了。我从1992年就这么做了，按理说至少会有一个交易者过来让我闭嘴。

实际上，我接到了100多个上过那个昂贵日内交易课程的学生给我打来的电话，他们说真应该听我的劝告，不该浪费钱和精力。有些学生为了学会短线交易标准普尔为生的艺术，甚至放弃了医生、律师和工程师等职业。让人伤心的是，除了一个交易者成功了，其他人都失败了。但他们的失败并非是没有决心和干劲，很多交易者每周7天、每天18个小时地研究如何完美地交易，可惜这是无法完成的任务。

我在过去也认识了很多期货经纪人，其中一个还是一家大型经纪公司的总裁。你知道吗？他们也告诉我短线交易标准普尔为生是不可能的。从来就没有一个客户做到，哪怕一小段时间内做到的人都没有。

很多传授标准普尔日内交易课程的商人都有共性。通过他们的言辞，我们能知道他们都上过同一所天花乱坠的大学，他们喜欢发出不道德的言论。

很多商人还自称自己在家短线交易标准普尔。但是如果你找他们要过去18个月的交易结算单来证明一下，他们会找1001个理由说这是不可能拿出来的。如果一个商人能拿出他的交易结算单，那就可以证明他的课程是有价值的。要做到眼见为实，没有交易结算单，你就不要掏钱出来。

那些销售标准普尔日内交易课程的商人还有一招，那就是邀请你看他们交易。坐在电脑屏幕前面，他们几近完美的买卖信号让你惊叹不已。但与此同时，他们从不拿起电话下单。在屏幕上解释价格波动和用真钱交易是完全不同的两个世界。

这是本书最难写的部分。我不想被误认为是古怪的、狭隘的、怪癖的老人。我在写这些讽刺的文字前，我还在网上帖了一个帖子，让那些有能力的交易者拿出证据来（也就是交易结算单），看看谁是成功的标准普尔短线炒家。这些人总是吹自己短线交易标准普尔的能力很强，但是当我要证据时，他们就不说话了。

我不怀疑也许有些交易者确实能做到短线交易标准普尔为生，毕竟《交易冠军》[①]的作者马丁·舒华兹就是一个真实的例子，他证明了他短线交易标准普尔的能力——连续多年都做到了。就像这个世界上只有一个马克·麦奎尔，我想也只有一个马丁·舒华兹。

注　释

①马丁·舒华兹，《交易冠军》，纽约：哈伯出版公司，1998年。

对于销售圣杯系统的人，如果我的行为显得有点聒噪了，那是因为我实在看不惯商人们欺骗误导交易者的行为。如果有人不相信我说的话，你可以看看比尔·阿尔皮特发表在1995年7月31日《巴伦周刊》上面的文章"艰难的敲门"[1]。

阿尔皮特的故事是讲佛罗里达州一个销售系统软件的商人向交易者承诺80%的外汇交易都是赚钱的。这个软件包括在总部为期一周的培训，售价是7.5万美元。但是学生们只要付1.5万美元的预付款，余款可以用每月的利润支付。这简直是世纪大优惠啊，125个焦急的交易者报名了。

啊呀，最终商品期货交易委员会和佛罗里达司法部长以诈骗罪的名义把这个软件销售商的公司关闭了。而123个学生中有89%没赚钱，总体算下来，他们的账户亏损了548992美元，利润只有12956美元，不过这还算好的。就在这家公司开始做广告前的几个月，这家公司的一位负责人刚从牢里出来，他因为洗钱被判服刑21个月，而他的钱来自非法传销。

你可能会奇怪为何这125个学生如此好骗。他们就不知道要证明什么的？他们当然知道，不过事后才真相大白，两个所谓提供证据的人其实是这家软件公司的合伙人，他们还把电脑卖给了同学们。

如果他们坚持要看这家软件销售商过去18个月真实的交易结算单，估计他们就不会上当受骗了。其实有些人要了，但是这家公司找借口说律师认为提供交易结算单是违法的。当这家公司被关闭时，商品期货交易委员会得到了其中一位负责人的交易账户，这个账户的亏损超过了5.5万美元。

我想说的重点是，对于声称可以赚钱，但又拿不出一两年交易结算单做证明的人，你一定不要轻易给钱——即使是交易结算单，测试的或模拟的也不行，必须是用真钱交易的结算单。

关于短线交易标准普尔，我不想再打击任何人了。如果这就是你的梦想，去做吧。如果我相信那些人说的话，说我不可能以交易为生，我恐怕早就放弃了。

**注 释**

[1]比尔·阿尔皮特，"艰难的敲门"，《巴伦周刊》，1995年7月31日，第18~20页。

# 日内交易之外

我发现现在的日内交易，不管是股票的，还是期货的，都很疯狂。如果我不是用更大的时间框架做交易，恐怕我现在都亏了几十万美元了。这是我要强调的。无论你是交易期货、股票、期权或共同基金，在90年代的大牛市中做日内交易的收益不如持有几天、几周、几月或几年的收益高。请看看标准普尔有多少天是向上跳空高开5个点到10个点，甚至更多，然后当天又上涨。日内交易者则被这种跳空缺口开盘给伤害了，因为他们在日内可以博取的范围并不大。

我喜欢在收盘前交易，尤其是交易共同基金时，其中的原因是情绪因素。过去几年有很多次机会，如果可以在当天平仓基金，我就立即平仓了。这些时候市场都是看起来像是要掉下悬崖了。然而在日内的很多看似坚决的卖出行为，当天又遇到了反弹，有时候反弹像撑竿跳。我在当天退出了仓位，那真是自作自受。

这些年来，我靠在周五建仓或加仓然后等到周一的方式赚了很多钱。有很多日内交易者认为持仓过周末太危险了，所以他们不敢像我这样交易。但这就是成功交易的所在：接受并处理风险。

人们总是为了日内交易和收盘前交易挑战我。他们总是说日内交易的风险比收盘前交易的风险小。我不同意——不仅仅是因为我的交易记录。你去看看100个日内交易者和100个收盘前交易者的交易账户，你就知道了风险在哪里，日内交易的风险比较大。

在网上有几个交易者总是在吹嘘自己的标准普尔日内交易技术很强。他们声称每笔只交易两份合约，仅仅日内短线交易标准普尔就能每年赚10万美元到12.5万美元。很自然地，他们永远无法证明自己的话。让我们设想一下，拿他们的交易和我的收盘前交易共同基金相比。

这些短线交易者要每天盯着自己的屏幕。他们在交易期间要闪电般地做出交易决定。他们要使用紧凑的止损，目标是实现每天小而持续的利润。他们每天交易的标准普尔价值总额有65万美元，这是根据标准普尔在价格为1300点、两份合约算出来的。

我不必整天坐在屏幕前面。你在序言中看到了，我只要在东部时间下午3：00到4：00关注好市场就行了。1997年到1998年，我每天交易的共同基金和垃圾债券基金大约是17.5万美元。当然了，有时候会更多，有时候是0。我在这段时期内的年利润平均是15.4万美元以上。我每天的风险比标准普尔短线交易者的少，但我赚得更多，更重要的是，我避免了日内交易的压力。

我在本书一再强调，交易就是找到适合自己的时间框架和工具。如果你日内交易成功了，那么就坚持做日内交易。如果你日内交易失败了，此时为何不思考一下扩大自己的视野，并研究一下收盘前交易和更长的时间框架呢？

# 减少我的期货交易行为

90年代末的牛市是我减少期货交易行为的原因之一。尤其是在下跌的时候，我靠共同基金的短期动量赚钱。在这个时候，我是没有理由做多股指期货的。我称之为双重危险。

我知道我在股市强劲上涨时做多共同基金能赚钱，所以为何要靠日内做多股指期货赚钱呢？市场有时候会出现很大的日内反转，这个时候，我不但共同基金亏损了，股指期货的多头仓位也要亏损。这些年来我的资金已经复合增长了不少，我实在没有必要再去交易股指期货。当然了，我还有一个期货账户，我偶尔也交易股指期货。

我减少交易行为的另一个原因是对经纪公司不满。在1997年以前的14年，我一直在一个芝加哥公司交易。1996年他们换了清算公司并把我的账户转给了另一家公司，我就在11月放弃了这家公司。然后我花了一年时间换了一家公司又一家公司。我再也找不到像以前那家公司那么好的公司了。更让我生气的是现在根本找不到一家好公司能让我用闪电单快速交易纳斯达克100。

我过去认识很多高素质的期货经纪人。芝加哥领先期货公司的鲍伯·米勒和俄勒冈波特兰守护者资金管理公司的乔纳森·马特都为本书的图表提供了帮助，他们都是高素质的期货经纪人。期货经纪公司的服务水平比共同基金公司差远了。部分原因可能是期货业务的高周转率。不管具体原因是什么，我发现我离期货行业越来越远了。

# 明白真实的收益

期货交易者的失败率是非常高的。维克托·尼德霍夫的《投机者养成教育》对这个话题做过深刻的评论。在第08章"和微格赌博"中，作者说考虑到微格和期货的杠杆，普通大众是不可能在这个行业生存的。（微格指买单和卖单之间的价差、佣金和糟糕的执行力）

如此多的期货交易者失败的原因是各种各样的——没有足够的本金、过度交易、不止损，这3点名列榜首。这是交易者亏损的部分真实原因：没有经验，不知道什么有用、什么没用。

如此多的交易者失败的原因还有一个，可能你不知道，那就是他们的期望不现实。很多新人就是看到宣传单或电视上面说只要几周或几个月就能赚2～3倍，所以他们被期货吸引了。当他们很轻松地发现这些收益是无法实现时，他们只好离开期货交易——此时通常账户已经没钱了。另一方面，有些交易者被不现实的交易收益迷惑了，他们一次又一次地在亏光后又进入这个市场。

那么真实的交易收益是多少呢？在90年代，商品基金的平均年收益不到10%。运作这些基金的人可不是新人，他们拥有最好的电脑和交易系统。商品交易顾问的交易记录如何呢？最近《华尔街日报》的一篇文章说1990年1月到1998年8月商品交易顾问的平均收益是11.1%[1]。其实这些数据也是夸大和误导的，因为根据规定，业绩差的或破产的基金和商品交易顾问是不可以公布自己的业绩的。

我们常常听说传奇人物理查德·丹尼斯培训的海龟们收益惊人。1998年6月《期货》杂志上面的一篇文章报道了他们在90年代的收益[2]。在1991年12月把1000美元的虚拟资金分别给8个还在赚钱的海龟。这8000美元的投资到了1998年2月能增值到19157美元，年复合收益是15.27%。有趣的是，同样的8000美元，如果分别投资给理查德·丹尼斯和比尔·埃克哈特（各4000美元），就会增值到35577美元，年平均收益是27.38%。（埃克哈特就是和理查德·丹尼斯打赌说成功的交易者是不能被培训出来的人）

---

**注 释**

①特赞·尤因，"有些特别的对冲基金熬过了病痛期"，《华尔街日报》，1998年10月29日，版面C第1页。
②卡拉·卡瓦来提，"海龟们在行动"，《期货》，1998年6月刊，第76～79页。

213

凶猛的对冲基金经理的收益会如何呢？《福布斯》的专栏作家大卫·卓曼[1]的一篇文章公布了田纳西州纳什维尔凡对冲基金顾问公司统计的业绩指数汇总，它统计了2600只对冲基金（1500只国内的，1100只国际的）。除去对冲基金的费用后，它们从1993年1月到1998年10月的平均年收益是13.4%。这个收益还不如标准普尔500的19.9%。

我几年前在《华尔街日报》上面阅读过一篇文章，内容是关于所有伟大的交易者和投资者的收益，这些人包括沃伦·巴菲特、彼得·林奇、乔治·索罗斯和约翰·聂夫[2]。他们长期的年平均收益是27%～35%。

看到了商品基金、商品交易顾问、对冲基金以及传奇交易者和投资者的收益，大众交易者想每年赚两三倍的想法则显得有勇无谋了。也许交易者把要求降低些，并相应地交易，他们的收益就会增加。就像我在1985年一样，我放弃了暴富的交易想法，并把自己的目标关注于每个月都赚钱，而不管赚多少。

如果你的账户不大，我想把年收益提高到50%是可能的。请看看我过去10年交易股指期货的收益：年收益是86%。但是我的账户很小，而且我总是要把利润慢慢地转移到共同基金账户。

有些交易者不明白一个道理，那就是无论你交易的是股票、期权、期货或基金，交易1万美元的账户和交易10万美元的账户是不同的。如果你的账户是1万美元，你不怕破产，但你用最大的杠杆交易期权或期货，结果账户对你有利，你突然有了10万美元。但你会用10万美元的账户做同样的事吗？如果你是认真的交易者，你不会这么做；如果你是赌徒，你就会再继续这么干下去。再次说明，认真的交易者在一开始就不会最大程度地使用杠杆。

用小账户激进地交易是比较容易的，因为你可以用工资收入或其他收入来填补账户。但是把一个10万美元的账户用杠杆来做，一旦亏损，需要很长时间来弥补。随着账户的增值，就更加需要保守的交易，此时保护资金比资金增值更重要。

---

**注 释**

①大卫·卓曼，"华尔街的拉斯维加斯"，《福布斯》，1999年1月11日，第262页。
②约翰·R.多尔夫曼，"谁是第一名？"，《华尔街日报》，1995年8月18日，版面C第1页。

# 完全是个人的事

我以交易为生的梦想只是为了赚到足够的钱，这样就能做我自己的事。我在年轻的时候就知道自己和别人不太一样，我不喜欢朝九晚五的生活，更不愿意有个老板在那里等着我。我很幸运，我和很多想空手套白狼的人不同，我知道如何赚钱——我了解股市。否则的话，为了赚钱，我恐怕要从这个致富项目转到那个致富项目，不停地找来找去。

我不喜欢帮别人交易，也不喜欢通过培训别人成为一个大商人。其实这两种做法都能让我更加富有，但我不是追求物质生活的人。我在不赚不亏的年代里就已经做到了完美的量入为出的生活艺术。成功以后，我还是保留着节俭的生活方式。对我来说，金钱不是为了物质享受，而是意味着自由和精神上的宁静。

再过两三年，我的账户就要突破100万美元了。有时候我在想到底多少才算多，如果钱够多了，我就减少交易并依靠垃圾债券基金的利息生活。虽然我要一直交易到老，但是交易就是我的全部吗？最好还是找到其他梦想、目标和追求，并每天享受生活的简单快乐。回到西部，在无尽的狂野中登山，这听起来很吸引人啊。

我很希望读者能够告诉我，是否把我当做成功的交易者，尤其是我那不赚不亏的20年。我能肯定不同的人会有不同的看法。如果说我有特殊的交易能力，那么这些能力只是我33年交易生涯的副产品。

我希望本书中的思想和策略能够帮助你节约很多年的时间，不要像我这样走了很多年才实现交易的目标。感谢你阅读本书，祝你能实现以交易为生，旅途愉快。

# 通过阅读和学习
# 走向成功

1978年，我的一个朋友到我家来。他知道我的梦想是以交易为生，也知道我当时的状况。我的朋友也有远大的梦想，不过他的梦想是利用一切机会致富。我们的不同之处在于我知道自己总有一天会致富——也就是通过股市——然后我开始努力实现这个梦想。他则相反，他不知道自己到底该干什么。

我的朋友看见我收藏了很多交易书，就说我花了这么多钱和时间来收藏这么多书实在是浪费，因为这些书没什么作用。21年飞逝而去，我的朋友还在寻找致富的机会，而我的账户里已有近70万美元了。他已经54岁了，最近他又搬回去和父母一起住，因为他的致富计划需要重新规划。他在当地的餐馆兼职做夜间管理人员，他身体状况不好，也没有退休保障。

我朋友认为看这些交易书是在浪费时间，而我则认为这些书帮助我实现了以交易为生的梦想。我相信研读交易书和股市都是成为成功交易者的部分过程。其实所有的事都和交易有关系，这是一个累积的过程。不要指望看了几本交易书就能立刻成为市场奇才。

第01章谈到的绝望的交易者说他找不到像他一样努力的交易者。他说他花了几百个小时研究图表，在无数个夜晚探索交易。他还说他阅读了8本交易书，好像很多一样。阅读8本交易书根本不够。我阅读了几百上千本交易书，我在每本交易书里面都能学到一点关于交易的知识。

你可以阅读我推荐的书目，尽量多地吸收交易知识。你是否理解或同意书中的内容并不重要，时间长了，这些书就可以让你形成自己的时间框架、目标、需求和情绪，然后你就可以开始设计自己的交易策略了。

我在阅读这些书的时候会在重要的地方画线。一旦把书看完了，我再把画线的内容打印到纸上，并写上相应的页码，最后放到一个叫做"交易真知"的文件夹里面。

以下排在前1~7的图书是我一直以来都最喜欢的书目，并且是按照对于我的重要性递减排列的，这里并不包括之前已经介绍过的关于共同基金的图书。

1. *How I Made $2,000,000 in the Stock Market*，by Nicholas Darvas（New York：Lyle Stuart，1986）。

尼古拉斯·达瓦斯的《我如何在股市赚了200万》（纽约：里尼斯图尔特出版公司，1986年）。不奇怪吧，我在《我如何以交易为生》中一直在提及这本书。我在情感上喜欢这本书。我相信别人是不会有我在1961年看到早期版本时的震惊的。交易者总是问我具体的达瓦斯的方法。我告诉他们看达瓦斯的书的时候，包括我推荐的任何人的书，都要看作者的理念，不要去找具体白纸黑字的交易原则。

2. *Reminiscences of a Stock Operator*，by Edwin Lefevre（New York：John Wiley & Sons，1994）。

爱德温·李费佛的《股票作手回忆录》（纽约：Wiley 公司，1994年）。这本书的风格和我的写作风格一样——只有纯文字，没有图。这本书每年都要读。利弗莫尔的交易见解在今天和100年前的价值是一样。它告诉你成功交易就是遵守截断亏损并尽量让利润奔跑的原则。

3. *Dow 1000*，by Benton Davis（Larchmont，NY：American Research Council，1964）。

本顿·戴维斯的《道1000》（纽约拉奇蒙特：美国研究会，1964年）。这又是一本我在感情上很喜欢的书，不是因为我喜欢它的实际内容。戴维斯和尼古拉斯·达瓦斯、杰西·利弗莫尔一样，强调让市场告诉你怎么办，而不是让你的观点告诉你怎么办。《道1000》里面有一条我最喜欢的交易建议："股市永远是对的，股市永远用最好的方式讲述自己的故事。"

4. *The Education of a Speculator*, by Victor Niederhoffer （New York：John Wiley & Sons，1997）.

维克托·尼德霍夫的《投机者养成教育》（纽约：Wiley 公司，1997年）。虽然我一直很喜欢达瓦斯、李费佛和戴维斯的书，但尼德霍夫的书是最好的交易书。我承认尼德霍夫的书读起来像是博士生论文，但确实值得读。这是唯一一本在读了之后又立刻读的书——就有那么好。

5. *Why the Best-Laid Investment Plans Usually Go Wrong*, by Harry Browne （New York：William Morrow and Company，1987）.

哈里·布朗的《为什么最好的投资计划通常会出错》（纽约：威廉莫罗公司，1987年）。这本书的第一部分有235页，这是必读的内容。你可以完全放弃第二部分，因为它讲的是完全过时的投资策略。我在哈里·布朗的书里画的横线比任何书都多。他的第一段说明了所有问题："投资界的最大的秘密是：几乎每件事都出人意料。预测很少是准的；交易系统的收益永远没有广告中说的那么多；当你用真钱交易时，过去有着超级成功交易记录的顾问不再说话了；最好的投资分析被事实否定了。"

6. *Mind over Markets*, by James F. Dalton, Eric T. Jones, and Robert B. Dalton （Chicago：Probus，1993）.

詹姆斯·F.道顿、艾立克·T.琼斯和罗伯特·B.道顿写的《驾驭市场》（芝加哥：普罗布斯出版公司，1993年）。这本书讲的交易方法叫市场概况。虽然这个方法和我的方法很像，我却没有完全搞懂市场概况。我不是因为《驾驭市场》里面介绍的方法而推荐这本书的，而是因为它讲述的如何成为成功交易者的内容。

7. *The Tao Jones Averages*, by Bennett Goodspeed （New York：E.P. Dutton，1983）.

本内特·古德斯皮德的《道琼斯之道》（纽约：达顿出版公司，1983年）。如果你是在挣扎中的分析型交易者，那么可能是因为你有拒绝改变的倾向，想从变化中找到固定的东西。或者用古德斯皮德的话形容："想通过桶装水了解流动的水。"

8. *Rogues to Riches*, by Murray Teigh Bloom （New York：G.

P. Putnam's Sons，1971）.

墨瑞·泰·布鲁姆的《从流氓到富人》（纽约：普特南父子出版公司，1971年）。作者研究的投资者和交易者都是用特殊的见解或交易方法征服市场的。

9. *If They're So Smart，How Come You're Not Rich?* ，by John L. Springer（Chicago：Henry Regney Company，1971）.

约翰·L.施普林格的《如果他们如此聪明，为何你没有致富？》（芝加哥：亨利兰格里出版公司，1971年）。看完这本书你就会明白为何在年轻的时候我总是迷信所有号称是市场专家的人。

10. *Why Most Investors Are Mostly Wrong Most of the Time*，by William X. Scheinman（New York：Weybright and Talley，1970）. 威廉·X.谢恩曼的《为什么大部分投资者在大部分时间是错的》（纽约：韦布莱特和泰利出版公司，1970年）。这又是一本采用非传统方法做交易的书。谢恩曼提供靠衡量投资者的情绪做交易的方法。

11. *Wiped Out*，by Anonymous Investor（New York：Simon & Schuster，1966）.

匿名投资者的《出局》（纽约：西蒙与舒斯特公司，1966年）。讲述了一个典型的交易者如何因为相信有专家的帮助而亏掉了所有的钱。

12. *A Fool and His Money*，by John Rothchild（New York：Penguin Books，1988）.

约翰·罗瑟查尔德的《一个傻瓜和他的钱》（纽约：企鹅图书公司，1988年）。讲的是一个普通的投资者千方百计寻找无所不知的专家或大师的故事。

以下5本书在研究、指标和投资技术方面比较出色，所以推荐。

13. *Stocks for the Long Run*，by Jeremy J. Siegel（New York：McGraw-Hill，1998）.

杰里米·J.西格尔，《股市长线法宝》（纽约：麦格罗黑尔出版公司，1998年）。当网上有人做出长期悲观预测时，我就把西格尔的书作为参考来反驳他。

14.*Stock Market Logic*, by Norman Fosback （Chicago：Dearborn Financial Publishing, 1995）.

诺曼·福斯贝克的《市场逻辑》（芝加哥：迪尔伯恩金融出版公司，1995年）。如果这本书有更新的话，它将会成为投资圣经。

15.*Winning on Wall Street*, by Martin Zweig （New York：Warner Books, 1997）.

马蒂·兹威格的《赢在华尔街》（纽约：华纳图书公司，1997年）。兹威格给交易者的信念很有用，那就是永远不要对抗行情，永远不要对抗美联储。阅读完本书，你就会明白为什么了。

16.*Stock Trader's Almanac*, by Yale Hirsch （Old Tappan, NJ：The Hirsch Organization）.

耶尔·赫希的《股票交易者年鉴》（新泽西州老泰普：赫希组织）。这本参考书会每年更新，是最好的关于周期性交易模式的资料。

17.*101 Years on Wall Street*, by John Dennis Brown （Englewood Cliffs, NJ：Prentice Hall, 1991）.

丹尼斯·布朗的《华尔街的101年》（新泽西州恩格尔伍德崖：普伦蒂斯霍尔出版公司，1991年）。这是我喜欢的市场参考书。它涵盖了101年的市场历史（1890年到1990年）。它对比了所有的牛市和熊市，有很多图表和统计信息。

18.*Market Wizards* （New York：Harper & Row, 1990） and *The New Market Wizards* （New York：Harper Business, 1992）, by Jack Schwager.

杰克·施瓦格的《市场奇才》（纽约：哈伯与柔出版公司，1990年）和《新市场奇才》（纽约：哈伯出版公司，1992年）。市场上有很多关于交易大师和行家的书，但是杰克对市场奇才们的采访才是最好的。但是请注意：其中有些市场奇才似乎不能靠交易赚钱了，他们变成了推销奇才，他们兜售系统、兜售培训和传真服务。

19.*The Trader's Edge*, by Grant Noble （Chicago：Probus, 1995）.

格兰特·诺伯的《交易者优势》（芝加哥：普罗布斯出版公司，1995年）。作者用3段话揭示了很多东西，我如何不爱他的书？这又是一本用非传统观点看待交易的书。

20.*Winner Take All,* by William R. Gallacher （Chicago：Probus，1994）.

威廉·R.加拉查的《赢家通吃》（芝加哥：普罗布斯出版公司，1994年）。和第19本书一样，又是用非传统观点看待交易的书。

21.*Trading for a Living,* by Alexander Elder （New York：John Wiley & Sons，1993）.

亚历山大·艾尔德的《以交易为生》（纽约：Wiley 公司，1993年）。原则上我不喜欢交易方法大杂烩的书，我喜欢只讲一个交易方法的书，而且作者讲了如何让这个方法变得有用。但是艾尔德的书是个例外，前面68页讲的是交易心理，所以与众不同。特别建议期货交易者看这本书。

22.*Pit Bull,* by Martin Schwartz （New York：HarperBusiness，1998）.

马丁·舒华兹的《交易冠军》（纽约：哈伯出版公司，1998年）。我喜欢真正交易者写的书——马丁·舒华兹绝对是真正的交易者。你会发现他很相信综合指标。

（*Bruce Gould on Commodities,* Bruce Gould Publications，Box 16，Seattle，WA 98111）.

如果不提布鲁斯·古尔德博士过去的业务通讯邮件就是玩忽职守了。布鲁斯在70年代中期到80年代中期撰写半月刊关于商品期货的业务通讯邮件。这些邮件的大部分内容被合成书了，现在可以找到的有第一卷第一部分到第六卷第二部分（《布鲁斯古尔德谈期货》，布鲁斯古尔德出版物公司，邮编98111，华盛顿西雅图，16号邮箱）。

作为新人，我在70年代时发现古尔德的建议很有价值。有价值的不是他对各种市场的评论，而是他如何用全局的观点累积财富。特别推荐第一卷到第四卷。

222

*Rick Pitino's Success Is a Choice* （New York： Broadway，
1997）.

虽然我看的书离不开股市和交易，但是有两本不属于这个范畴
的书要推荐。一本是瑞克·皮蒂诺的《成功是一种选择》（纽约：
百老汇出版公司，1997年）。一般我并不相信激励的书，也不相信
自励的书和心理暗示的书，但是皮蒂诺关于成功经商的策略也可以
用来激励交易者。我真的很希望在我刚开始做交易的时候就能看到
这本书。

*The Millionaire Next Door*， by Thomas J. Stanley and William D.
Danko （Atlanta： Longstreet Press， 1996）.

另一本非交易的书是托马斯·J.斯坦利和威廉·D.丹蔻的《邻
家的百万富翁》（亚特兰大：长街出版公司，1996年）。我遇到的
大部分交易者，尤其是商品期货交易者都有点浮夸炫耀——这些特
点都是毒药，不能让人把自己的资金变成财富并保持下去。如果你
的生活也变得有点奢侈浪费，那么《邻家的百万富翁》会让你做出
反省的。

# 推荐的关于股指期货的书

*West of Wall Street*， by Barry Haigh and George Angell
（Chicago： Longman Financial Services， 1988）.

巴里·黑格和乔治·安吉尔的《华尔街西面》（芝加哥：朗文
金融服务公司，1988年）。黑格在80年代是场内做标准普尔的活跃
交易者。当巴里说"交易的秘密根本不是研究数字或购买软件，如
果没有电脑，你才能明白交易的微妙之处"的时候，我就立刻明白
了他的书值得一看。虽然这本书是1988年出版的，但仍然是关于交
易标准普尔最好的书。我对真实的交易书总是有点偏爱。

*How to Triple Your Money Each Year with Stock Index Futures*，
by George Angell （Brightwaters， NY： Windsor Books， 1984）.

乔治·安吉尔的《如何利用股指期货把你的资金每年增值到三
倍》（纽约白水村：温莎图书公司，1984年）。这本书的第05章谈
的是场内交易者的心理，第07章和第08章谈的是三日循环，这才是

本书的伟大所在。这本书的章节对我在1985年形成股指期货交易方法很有帮助。但是，不要照字面意思去理解三日循环理论。我知道很多交易者都是根据三日循环的方法设计了自己的机械交易策略。无论如何，三日循环的理念是对的。我过去总是真诚地赞赏安吉尔的书，但是我想说明我并不推荐他的系统、培训和录像带。

*Trading S&P Futures and Options: A Survival Manual and Study Guide*, by Dr. Humphrey E.D.Lloyd（Greenville, SC: Trader's Press, 1997）.

汉弗莱·E.D.劳埃德博士的《交易标准普尔股指期货和期权：生存手册和学习指南》（南卡罗来纳州格林维尔：交易者出版公司，1997年）。作者是我的朋友，人不错。关于标准普尔股指期货的所有知识都在本书中了——选择经纪公司、下单、轴点数值、跳空等。

*The Definitive Guide to Futures Trading*, Volumes 1 and 2, by Larry Williams（Brightwaters, NY: Windsor Books, 1988）.

拉里·威廉姆斯的《期货交易指导》第一卷和第二卷（纽约白水村：温莎图书公司，1988年）。我很少听见有人谈论大研究者和交易者拉里·威廉姆斯的这两本书，我推荐它们，是让你去看看作者对模式分析的见解。威廉姆斯这个人备受争议，主要原因是他高调地做销售，但是我认为他的研究还是出类拔萃的。我过去的很多成功之处都是跟他学的。

*Day Trading with Short Term Price Patterns and Opening Range Breakout*, by Toby Crabel（Greenville, SC: Trader's Press, 1990）.

托比·卡贝尔的《短线价格模式和开盘区间突破的日内交易》（南卡罗来纳州格林维尔：交易者出版公司，1990年）。卡贝尔提供了大量的关于价格波动和价格模式的研究，还包括标准普尔在内的各种市场的开盘情况。这本书主要是告诉你开盘价是一天中最重要的价格，开盘后的走势告诉了你市场将如何走，这个比任何指标都要管用。我不推荐新人看这本书。

*Live the Dream by Profitably Day Trading Stock Futures*, by Gary

Smith（Sacramento：Advanced Trading Seminars Inc.，1995）．

加里·史密斯的《实现赚钱的日内交易梦想》（萨克拉曼多：高级交易论坛公司，1995年），你可以通过加州萨克拉曼多市的实战交易公司得到。我很喜欢也很尊敬我的出版人布鲁斯·巴布科克先生，他为本书取的名字和定的价格都让我吃惊。1999年1月我为了降低这本书的零售价格，放弃了未来版权收益。我这么说的目的就是不希望有人说我推销自己的书以得到版权收益。

自从标准普尔的价格翻番，波动性变大了以后，这本书里面讲到的机械系统已经失效了。我推荐这本老书的原因是它的理念还是有用的。书中还有很多我交易日记的内容，说明了我是如何通过报价机的报价解读市场的。

# 其他信息资源

我从不觉得电脑上面即时的5分钟图是实现以交易为生的必需品。但我对于和股市相关的东西都是饥不择食的。不仅仅书是如此，任何和交易相关的东西对我都是非常重要的，我订阅了无数的期刊、报纸和业务通讯邮件。以下是我阅读的资源：

### 报纸
1. *The Wall Street Journal*
《华尔街日表》
2. *Barron's*
《巴伦周刊》
3. *Investor's Business Daily*
《投资者商业日报》

### 杂志
1. *Money*
《金钱》
2. *Worth*
《价值》

3. *Bloomberg Personal Finance*

《彭博个人金融》

4. *Mutual Funds*

《共同基金》

5. *Forbes*（*I especially enjoy the columnists such as Laszlo Birinyi and Kenneth Fisher*）

《福布斯》（我特别喜欢拉兹罗·伯英尼和肯尼思·费雪这两个专栏作家）

6. *Smart Money*

《聪明的金钱》

7. *Business Week*

《商业周刊》

8. *AAII Journal*

《AAII日报》

9. *Technical Analysis of Stocks & Commodities*

《股市和期货技术分析》

## 业务通讯邮件

1. *Market Logic*

《市场逻辑》

2. *Investor's Digest*

《投资者文摘》

3. *The Chartist*

《图表派》

4. *Commodity Traders Consumer Reports*

《商品交易者消费报告》

5. *Hulbert Financial Digest*

《赫尔伯特金融文摘》

6. *MoniResearch*

《观察研究》

我订阅最后两种邮件的目的是跟踪业务通讯邮件撰写者和市场

时机交易者的交易记录。我还定期购买《期货真相》以检查不同商业期货交易系统的业绩。

## 电视节目

*Wall Street Week*
《每周华尔街》

## 互联网上的资源

我不是很喜欢上网找商业信息。如果你不够认真，你就被互联网上大量的信息给淹没了。互联网上关于市场的最好的信息来自哥伦比亚广播公司的www.marketwatch.com，另外我也很喜欢www.dailystocks.com，我用这个网站监视不同板块和指数的日内价格。

我最喜欢用www.quicken.com来监视每天的股票和共同基金。Quicken.com网站能看到我持有的景顺公司和思状公司的基金。交易日大部分时间我都在这里。

收盘后我到www.yahoo.com去看看会不会有晚间突发新闻。我还用雅虎网站观看亚洲和欧洲的实时股市。

我到www.moneynet.com查看我的基金每天的收盘价。我发现这个网站总是比其他网站提前贴出收盘价。

我通过芝加哥商业交易所的网站www.cme.com查看标准普尔芝加哥电子期货交易系统的实时价格。目前是免费的。

我还推荐TheStreet.com网站，它能让你同步感受到市场的脉搏——它的评论很好，交易日有评论，非交易日也有评论。

最好的关于共同基金的网站是罗布和玛勒·布瑞尔的www.brill.com。《巴伦周刊》把布瑞尔的网站评为最好的20个投资网站之一。我认为它的排名是前5名。

## 互联网上的聊天室和论坛

我靠网上的论坛来找到我的缺点。论坛中有些自封的专家像教皇一样不停地说交易和投资是多么地复杂，我一般不理他们。维克托·尼德霍夫说提供没有实战经验的建议就是超级无知。我也无法忍受一些悲观者天天说股市要崩盘了。

有些网站做得中规中矩，有些网站不是这样。我很吃惊地发现我在中规中矩的网站中能找到更多的问题。中规中矩的网站会讨论任何问题。个人很多矛盾的地方通过毫无拘束的谈论就解决了。在中规中矩的网站，不管你说什么，版主都不会对你吹毛求疵，你自身的问题就解决了。

在不同的网站讨论让我形成了自己的交易风格。我通过股市吃饭、睡觉、喝水。给业务通讯邮件撰文是其中的一部分，它让我和市场保持联络和关注。

Fundvision.com是最好的关于共同基金的论坛。我过去经常去，但是我发现自己和时机交易者不和。我在前面说过，像我这样的交易者和时机交易者之间的区别是很大的。Fundvision论坛里面也有一个加里·史密斯，他帖的内容和我帖的内容常常是矛盾的。

# | 译后感 |

按照本书作者的说法，作者在1966年到1985年19年间没赚钱，1985年到1999年14年间资金账户从2200美元增值到近70万美元。

如果按照33年算，作者的年收益是20%左右；如果按照14年算，作者的年收益是50%左右。这两个数值的平均值和作者在书中提到的最好的投资者年收益为35%相一致。

我不是在玩文字游戏，我只是感慨作者追求以交易为生的精神。为了实现这个梦想，作者在前面不赚钱的19年间做了很多兼职工作，以维持生计。这期间的压力可想而知。

作者在书中严厉反对别人兜售交易书、交易软件和交易培训服务牟取暴利，并指出很多人无法靠交易赚钱，只能去销售交易书、软件和培训服务。甚至承认自己为了赚钱也卖过自己的书。

综合以上，不难看出，其实投资的年收益不过每年30%左右，想要更多收益很困难，否则不会有那么多人变成了商人。又有多少人会接受这个现实呢？这点值得我们思考。

作者是在这种认知下创作本书的，所以作者在写作的过程中回避了事后诸葛亮式的贴图写书的方法，而是用文字来表达自己的思想。

在此强调一下，虽然作者多次说自己是短线交易者，但是从作者的实战案例了解到，有时候作者会持仓数月，这已经不算短线了。而作者能够做到这点，也是因为他明白了"截断亏损，让利润奔跑"的含义。所以，不要误解。

本书作者虽然介绍了一些指标、模式和策略，但是从作者的字里行间可以看出，作者最关注的还是价格自身的波动，本人也有这种看法。

分别总结一下本书的优点和缺点。

优点：

1. 是实战家写的书，作者很坦诚，内容很真实，一般人不敢承认自己19年不赚钱。

2. 说明了为何以交易为生那么难。因为一般人的平均年收益只有30%左右，不是一两倍，或更多。

3. 从心理的角度说明了市场的本质，以及为何不同人会采用不同的方法。

4. 传授了一些赚钱模式。同时作者一再强调，市场在进化中，人也要跟着进化。没有一成不变永远赚钱的模式。

5. 推荐了一些好书。

缺点：

1. 没有全面披露作者的交易记录，否则效果更好，尤其是失败的交易记录更有说服力。但作者没有意识到这点。

2. 部分内容是美国投资市场特有的，中国国情不同，不能生搬硬套。最典型的就是作者发现过去200年来美国股市的总基调就是在一直上涨，所以做多的胜算大，即使遇到了1929年的股灾，因为股票每年有百分之几的红利收入，这个收入竟然可以弥补股灾带来的部分损失。这也间接证明了像沃伦·巴菲特这样的股神只能诞生在美国。

# "引领时代"金融投资系列书目

| 序号 | 书 名 | 作 者 | 译 者 | 定价 |
|---|---|---|---|---|
| 世界交易经典译丛 | | | | |
| 1 | 我如何以交易为生 | ［美］加里·史密斯 | 张 轶 | 42.00元 |
| 2 | 华尔街40年投机和冒险 | ［美］理查德·D.威科夫 | 蒋少华、代玉簪 | 39.00元 |
| 3 | 非赌博式交易 | ［美］马塞尔·林克 | 沈阳格微翻译服务中心 | 45.00元 |
| 4 | 一个交易者的资金管理系统 | ［美］班尼特·A.麦克道尔 | 张 轶 | 36.00元 |
| 5 | 非波纳奇交易 | ［美］卡罗琳·伯罗登 | 沈阳格微翻译服务中心 | 42.00元 |
| 6 | 顶级交易的三大技巧 | ［美］汉克·普鲁登 | 张 轶 | 42.00元 |
| 7 | 以趋势交易为生 | ［美］托马斯·K.卡尔 | 张 轶 | 38.00元 |
| 8 | 超越技术分析 | ［美］图莎尔·钱德 | 罗光海 | 55.00元 |
| 9 | 商品期货市场的交易时机 | ［美］科林·亚历山大 | 郭洪钧、关慧——海通期货研究所 | 42.00元 |
| 10 | 技术分析解密 | ［美］康斯坦丝·布朗 | 沈阳格微翻译服务中心 | 38.00元 |
| 11 | 日内交易策略 | ［英、新、澳］戴维·班尼特 | 张意忠 | 33.00元 |
| 12 | 马伯金融市场操作艺术 | ［英］布莱恩·马伯 | 吴 楠 | 52.00元 |
| 13 | 交易风险管理 | ［美］肯尼思·L.格兰特 | 蒋少华、代玉簪 | 45.00元 |
| 14 | 非同寻常的大众幻想与全民疯狂 | ［英］查尔斯·麦基 | 黄惠兰、邹林华 | 58.00元 |
| 15 | 高胜算交易策略 | ［美］罗伯特·C.迈纳 | 张意忠 | 48.00元 |
| 16 | 每日交易心理训练 | ［美］布里特·N.斯蒂恩博格 | 沈阳格微翻译服务中心 | 48.00元（估） |
| 实用技术分析 | | | | |
| 17 | 如何选择超级黑马 | 冷风树 | —— | 48.00元 |
| 18 | 散户法宝 | 陈立辉 | —— | 38.00元 |
| 19 | 庄家克星（修订第2版） | 童牧野 | —— | 48.00元 |
| 20 | 老鼠戏猫 | 姚茂敦 | —— | 35.00元 |
| 21 | 一阳锁套利及投机技巧 | 一阳 | —— | 32.00元 |
| 22 | 短线看量技巧 | 一阳 | —— | 35.00元 |

**图书邮购方法：**

方法一：可登录网站www.zhipinbook.com联系我们；

方法二：可将所购图书的名称、数量等发至zhipin@vip.sina.com订购；

方法三：可直接邮政汇款至：

北京朝阳区水碓子东路22号团圆居101室　　　邮编：100026　　　收款人：白剑峰

无论以何种方式订购，请务必附上您的联系地址、邮编及电话。款到发书，免邮寄费。

如快递，另付快递费5元/册。

请咨询电话：010-85962030　［9：00-17：30，周日休息］

邮购信箱：zhipin@vip.sina.com　　　网站链接：www.zhipinbook.com

智品書業
ZHIPIN BOOKS